Alexandre Dumas
à la conquête de Paris
(1822-1831)

www.editionscomplexe.com

ISBN 2-8048-0057-1
D/1638/2005/38

Jean Lacouture

Alexandre Dumas
à la conquête de Paris

(1822-1831)

« Destins »

ÉDITIONS COMPLEXE

Ce petit livre, suggéré à l'auteur par André Versaille,
n'aurait pu être écrit sans l'aide, les recherches
et les amicales critiques de Nathalie Skowronek.
Sa diligence a fait merveille.
Qu'elle en soit remerciée.

Sommaire

L'ouvrage que voici n'a d'autres prétentions que de distraire, en mettant en lumière certaines facettes de la vie et de l'œuvre d'un auteur dont la gloire est surtout liée à son génie romanesque. Il doit évidemment beaucoup aux Mémoires d'Alexandre Dumas, rédigés entre 1843 et 1855 – l'auteur arrêtant le récit de sa vie en 1833.

Dans cet éblouissement mémorial, on a puisé à pleines mains, avec plus de voracité que de rigueur, avec autant de désinvolture qu'Alexandre en a manifesté à propos de l'Histoire, ne s'interdisant ni coupures, ni formules de liaison, ni synthèses ou raccourcis improvisés.

On a surtout cherché à limiter au maximum les notes de bas de pages. Ceux qui voudront vérifier dates et citations se reporteront au texte des Mémoires présentés par Claude Schopp (Bouquins, R. Laffont). Ils ne s'en plaindront pas !

Un croquis liminaire

Il faudrait n'avoir pas été, à quinze ans, emporté par d'Artagnan galopant vers les falaises de Douvres, il faudrait n'avoir pas reconnu en Athos un frère aîné, sinon en Aramis un modèle, il faudrait n'avoir pas pleuré, comme le romancier lui-même, au récit de la mort de Porthos, pour n'être pas impatient d'entrer dans le cercle enchanté de ce qu'on pourrait nommer l'« Alexandrie ».

Et faute de pouvoir réinventer sa biographie après Clouard, Maurois, Claude Schopp, Troyat et l'ensemble des travaux d'Alain Decaux, on voudrait mettre en lumière ce printemps de sa vie qui se résume ou se confond avec la conquête de Paris, de la fin de 1822 au début de 1831 – de la chevauchée en croupe d'un ami qui le projette sur le pavé parisien à ce geste superbe qu'on pourrait appeler le congé donné au roi.

Quelle preuve plus éclatante de la conquête d'un domaine – Paris, la gloire – que ce rejet hautain d'une sorte de livrée, adressé au souverain dans l'ombre duquel on a longtemps vécu ? Ce « bon appétit, monsieur » est la manifestation la plus éclatante d'une conquête, assez manifeste pour qu'en soient rejetés les attributs.

Alors, oui, alors cet Alexandre de vingt-huit ans qui a su jeter à la tête de Louis-Philippe une défroque d'employé, ce conquérant n'appartient plus à aucune « maison », fût-elle royale. Parce qu'il a maîtrisé Paris, par son talent de dramaturge et son courage de combattant des « Trois Glorieuses », il peut s'émanciper de la tutelle royale. Ne s'est-il pas fait roi lui-même, Alexandre, dramaturge et guerillero ?

Ce petit essai en forme de récit ne saisit Alexandre Dumas que dans son audacieux bond en avant, des forêts du Valois aux fièvres parisiennes de 1830-1831, où s'affirme prudemment, contre les espérances républicaines d'Alexandre et de ses compagnons, le « juste milieu » orléaniste.

Si peu banale que fut plus tard la vie du créateur de *Monte-Cristo* et du *Théâtre Historique*, de l'exilé de Bruxelles, du prisonnier de 1848, du compagnon de Garibaldi, du citoyen du monde, du mangeur de vie absolu, ce Dumas quasi adolescent qui met Paris à ses pieds en une nuit, celle du 10 février 1829, nous paraît bien le petit-fils de d'Artagnan, capable de recréer, aux temps des tilburys et des cravates, entre Hugo et La Fayette, le baron Taylor, Arago et Marie Dorval, le climat magique du « un pour tous, tous pour un ».

Que les prodigieux *Mémoires* de l'auteur de *La Tour de Nesle* incitent certains, comme Claude Schopp, à penser non seulement aux *Trois Mousquetaires* – ce n'est qu'après la mort de ses héros que l'auteur osera se mettre en scène – mais aussi au *Mémorial de Sainte-Hélène* de Las Cases dont ils seraient le « pendant littéraire », il ne faut pas s'en étonner.

On ne suivra pourtant pas, sur ce point, un si bon expert. S'il est bien vrai que *Mémoires* et *Mémorial* traitent la vérité avec la même désinvolture épique, que c'est avec les mêmes lunettes qu'Alexandre considère Dumas et que Napoléon observe Bonaparte, la démarcation entre la remémoration du « grand homme » et celle du « saltimbanque » demeure. L'un dit « je » et ne ment que pour lui ; l'autre dit « nous » et ment pour tous.

Si généreusement qu'Alexandre Dumas ait pardonné à l'empereur la cruauté de sa conduite envers le général Dumas, son père, il est bien risqué de mettre en parallèle une tragédie immense et meurtrière et le récit d'Alexandre qui, par delà épreuves et tristesses, reste la foisonnante comédie d'un siècle – où Fortunio et Célimène, Figaro et Sganarelle l'emportent sans doute sur Horace et Prométhée.

Ces *Mémoires* où l'on peut voir son chef-d'œuvre et dont l'esbroufe n'est pas le moindre charme, Alexandre Dumas les a écrits de 1847 à 1855, arrêtant son récit à 1833 – peut-être pour que l'ensemble garde son allégresse, sa fougue encore juvénile, son dynamisme conquérant.

Pas plus qu'il ne cache ses emprunts à Louis Blanc et à Vaulabelle, historiens de la Restauration et de la Monarchie de Juillet, on ne tentera ici de voiler les larcins – incessants – que l'on a faits à Dumas, magnifique conteur de la bataille d'*Hernani*, des « Trois Glorieuses » et de l'expédition des poudres. On n'a cherché qu'à tirer quelques sarments d'un foyer dont l'éclat crépitant ne faiblit pas...

Un tel « découpage », isolant le premier Dumas, si l'on peut dire, le jeune conquérant, conduit à privilégier le dramaturge sur le romancier, qui ne publie son premier ouvrage ambitieux que la quarantaine venue. Mais c'est peut-être revenir à cette vérité évidente : qu'Alexandre Dumas se vivait et se voyait en homme de théâtre. Pour citer à nouveau Claude Schopp, et cette fois sans réserve :

« Jusqu'à sa mort, Dumas s'est considéré avant tout comme un dramaturge : le théâtre a été le creuset de sa grande production romanesque qui, progressant par scènes remarquablement dialoguées, doit l'essentiel de sa modernité à ce qu'elle est d'abord du roman théâtral. »[1]

Ce qui permet de suggérer que jamais ne furent écrits drames plus romanesques…

Qui tente de dégager ou d'éclairer les données originelles de ce personnage foisonnant, faiseur de vies et d'abord de la sienne, ne saurait mettre l'accent sur une éducation inexistante, des études bâclées, des maîtres à penser bien longs à venir. Quand il pénètre dans Paris, à vingt ans, Alexandre est un sauvageon.

Deux données fondamentales, à l'origine : une paternité fabuleuse, d'autant plus fabuleuse qu'Alexandre n'a que quatre ans quand meurt le général Dumas ; et les sous-bois de Villers-Cotterêts. Fils d'un personnage quelque peu légendaire, aux origines proprement inimaginables (sa mère est une esclave noire…), cet orphelin est lâché dans la forêt, fils à la fois du héros foudroyé et des arbres du Valois – une sorte d'« enfant sauvage » qui ne connaît ni les interdits, ni ce qu'on appelle la « culture ».

Mais parlons d'abord du général.

Les Davy étaient Normands. Anoblis au XVIIᵉ siècle, ils s'allient aux La Pailleterie au XVIIIᵉ ; et c'est avec le titre de marquis qu'Alexandre-Antoine Davy de La Pailleterie, gentilhomme du

---

[1] *Les Plus Belles Pages manuscrites du théâtre français*, Bibliothèque nationale-Robert Laffont, 1991.

prince de Conti, s'embarque en 1760 pour Saint-Domingue où, maître du domaine dit « Trou de Jérémie », il s'entoure d'esclaves noires dont l'une, Marie-Cessette Dumas, lui donne entre autres enfants un Antoine-Alexandre né en 1762.

Revenu en France une quinzaine d'années plus tard, le marquis s'entend signifier par son fils qu'il veut s'engager comme simple troupier dans l'armée : il ne pourra le faire, riposte son père le marquis, que sous le nom de sa mère, Dumas. Il s'incline et revêt l'uniforme, sous le nom d'Alexandre Dumas. Son régiment de dragons de la reine tient bientôt garnison à Villers-Cotterêts où, encore sous-officier, il rencontre et épouse Marie-Louise Labouret.

Mais la guerre déclarée à l'Europe par la République éclate en 1792. Dès lors, il n'est plus de mois que le lieutenant, puis capitaine, puis colonel Dumas ne monte en grade : il est fait général le 30 juillet 1793, commandant de l'armée des Pyrénées-Occidentales en septembre ; et, le 21 janvier 1794, il prend le commandement d'une armée des Alpes qui bouscule les Piémontais.

C'est alors que la fulgurante carrière du général mulâtre risque d'être brisée : il est rappelé à Paris pour avoir fait démonter la guillotine à Bourg-Saint-Maurice, ce qui lui a valu d'être appelé par les habitants « monsieur de l'humanité ». Le 9 thermidor lui sauve la mise : le voilà général en chef de l'armée de l'Atlantique avec la mission de pacifier la Vendée – mission impossible selon lui, qu'il transmet bientôt à Hoche et à Kléber. Non sans que sa carrière vertigineuse ne connaisse un temps d'arrêt, qui coïncide avec la fulgurante apparition de Bonaparte.

À la fin de 1795, il est rappelé sur le front des Alpes, et en Italie où commande le général corse. Il s'y distingue notamment lors de la prise de Mantoue aux côtés de Masséna et de Brune. Mais dès lors se manifeste à son encontre la méfiance de Bonaparte qui ne cédera qu'après qu'il eut pris, avec Joubert, une part prépondérante à la conquête du Tyrol.

Il n'est plus de campagne d'importance à laquelle le général Dumas ne participe (bien que Bonaparte l'appelle parfois « le nègre »). Et quand le vainqueur d'Italie s'élance vers l'Égypte, c'est lui qui est désigné à la tête de la cavalerie. Le commandant en chef le croise à Toulon, alors que le secret de l'objectif de l'opération est encore préservé.

« — Venez me voir demain matin d'aussi bonne heure que vous voudrez.

À six heures du matin, le lendemain, mon père traversait la place d'armes pour se rendre chez Bonaparte.

Celui-ci était couché avec Joséphine, et, comme il faisait très chaud, tous deux n'étaient couverts que d'un seul drap qui dessinait leurs corps.

Joséphine pleurait ; Bonaparte, d'une main, lui essuyait les yeux, et, de l'autre, battait en riant une marche militaire sur la partie du corps de Joséphine qui était tournée vers la ruelle.

— Ah ! pardieu ! Dumas, dit-il en apercevant mon père, vous arrivez bien ; vous allez m'aider à faire entendre raison à cette folle. Ne veut-elle pas venir en Égypte avec nous ? Est-ce que vous emmenez votre femme, vous ?

— Ma foi non, dit mon père.

— Eh bien, tu vois ; tu ne diras pas que Dumas est un mauvais mari, qu'il n'aime pas sa femme et sa fille ! Écoute : ou je serai de retour dans six mois, ou nous serons là-bas pour quelques années.

Les pleurs de Joséphine redoublèrent.

— Si nous sommes là pour quelques années, la flotte reviendra nécessairement prendre une vingtaine de mille hommes sur les côtes d'Italie. Retourne à Paris, préviens madame Dumas, et, de ce convoi-là, par exemple, vous en serez. Une fois là-bas, ma bonne Joséphine, Dumas, qui ne fait que des filles, et moi qui n'en fais même pas, nous ferons tout ce que nous pourrons pour faire chacun un garçon ; si nous faisons un garçon, il en sera le parrain avec sa femme ; s'il fait un garçon j'en serai le parrain avec toi. Allons, c'est dit, ne pleure plus et laisse-nous causer d'affaires.

Et se tournant vers mon père :

— Vous venez d'entendre prononcer un mot qui vous indique le but de notre expédition. Ce but personne ne le connaît ; que le mot *Égypte* ne sorte donc pas de votre bouche ; vous comprenez, en pareille circonstance, l'importance d'un secret.

En sortant de chez Bonaparte, mon père rencontra Kléber qui allait y entrer.

— Tu ne sais pas ce que nous allons faire là-bas ? dit-il.

— Nous allons faire une colonie.

— Non. Nous allons refaire une royauté. »

Ce sont des mots qui trouvent des échos !

On débarque à Alexandrie où la troupe commence à maugréer. Bientôt, après un colloque plus ou moins improvisé qui regroupe plusieurs généraux à Rahmanié[2], où Dumas exprime la méfiance que lui inspire l'entreprise, Bonaparte n'a de cesse que ce subordonné indocile soit embarqué sur le premier navire en partance pour la France. Il se trouve que le navire est jeté sur les côtes du royaume de Naples avec lequel la France est alors en guerre : le général Dumas est incarcéré à Brindisi. Il y aurait été, selon son fils, empoisonné.

C'est presque en infirme, en tout cas poursuivi par la haine de Bonaparte et privé de toute retraite qu'il rentre, à peine

---

[2] On situe parfois cette réunion à Damanhour.

15

quadragénaire, à Villers-Cotterêts en mai 1801. Son fils, né l'année suivante, n'aura guère le temps de le connaître : Alexandre a quatre ans quand disparaît à quarante-quatre ans ce personnage qui aurait donné des envies de roman au dernier rond-de-cuir, et auquel sont consacrés les vingt premiers chapitres des *Mémoires* du fils.

Quelques traits, encore, pour faire sentir à quel point le colosse héroïque qu'il eut pour père frappa la mémoire et la sensibilité d'Alexandre.

« Au moment où il entre dans l'armée, à l'âge de vingt-quatre ans, raconte Alexandre, mon père était un des plus beaux jeunes hommes qu'on pût voir. Il avait ce teint bruni, ces yeux marrons et veloutés, ce nez droit qui n'appartiennent qu'au mélange des races indiennes et caucasiques. Il avait les dents blanches, les lèvres sympathiques, le cou bien attaché sur de puissantes épaules, et, malgré sa taille de cinq pieds neuf pouces, une main et un pied de femme. Ce pied surtout faisait damner ses maîtresses, dont il était bien rare qu'il ne pût pas mettre les pantoufles. Au moment où il se maria, son mollet était juste de la grosseur de la taille de ma mère.

La liberté dans laquelle il avait vécu aux colonies avait développé son adresse et sa force d'une manière remarquable ; c'était un véritable cavalier américain, un gaucho. Le fusil ou le pistolet à la main, il accomplissait des merveilles dont Saint-Georges et Junot étaient jaloux. Quant à sa force musculaire, elle était devenue proverbiale dans l'armée. Plus d'une fois, il s'amusa, au manège, en passant sous quelque poutre, à prendre cette poutre entre ses bras, et à enlever son cheval entre ses jambes. Je l'ai vu, et je me rappelle cela avec tous les étonnements de l'enfance, porter deux hommes sur sa jambe pliée, et, avec ces deux hommes en croupe, traverser la chambre à cloche-pied.

Le docteur Ferus, qui a servi sous mon père, m'a raconté souvent que, âgé de dix-huit ans à peu près, lui, Ferus, fut expédié à l'armée des Alpes comme aide-chirurgien. Le soir de son arrivée, il regardait au feu d'un bivouac un soldat, qui, entre plusieurs tours de force, s'amusait à introduire son doigt dans le canon d'un fusil de munition, et le soulevait, non pas à bras mais à doigt tendu.

Un homme, enveloppé d'un manteau, se mêla aux assistants et regarda comme les autres ; puis, souriant et jetant son manteau en arrière :

— C'est bien, cela, dit-il. Maintenant, apportez quatre fusils.

On obéit ; car on avait reconnu le général en chef.

Alors il passa ses quatre doigts dans les quatre canons, et leva les quatre fusils avec la même facilité que le soldat en avait levé un seul.

— Tiens, dit-il en les reposant lentement à terre, quand on se mêle de faire des tours de force, voilà comment on les fait. »

Un personnage mythologique, en somme, évadé de quelque version grecque ou latine – avec cette complexion de mulâtre qui devait ajouter quelque chose d'improbable à la personnalité de ce colosse – en un temps où dans la société parisienne, les hommes de couleur relevaient de la littérature exotique ou du merveilleux. Nous verrons plus loin en quoi et comment la même singularité – dût-elle être affadie, du mulâtre au quarteron – joua un certain rôle dans la conscience intime et dans la vie sociale de l'auteur de *Monte-Cristo*.

Le fait est qu'être le fils de cet Hercule de bronze qui avait conquis ses étoiles en dix ans de vie militaire, affronté la Vendée, maîtrisé le Tyrol, pénétré à cheval dans la grande mosquée du Caire et défié Napoléon, imposait à son fils la pratique de l'extravagance et de l'intrépidité, sinon du génie…

Né dans l'outrance, la prouesse légendaire et la disgrâce cruelle, comment Alexandre n'aurait-il pas été pétri, non seulement de l'esprit du drame, mais aussi de celui de l'incohérence et du miracle ? Dans une page savoureuse des *Trois Dumas*, André Maurois marque très bien en quoi cette hérédité hors du commun a marqué le romancier : « Il croit à la puissance du hasard, à l'influence des petits faits. Tous ces soldats ont été sauvés par un portrait, tués par une balle perdue, disgraciés par un mouvement d'humeur du Maître… Dumas aimera, dans l'histoire, tout ce qui évoquera les mystères de la chance… »

« Soldat de fortune », dit-on. Et d'infortune, aussi. Le destin abracadabrant de l'Hercule de Saint-Domingue, le caractère foudroyant de sa carrière et de sa disgrâce, la tragédie de l'abandon qui marqua la fin de sa vie, mais aussi la chaleur de l'amitié de quelques frères d'armes comme le maréchal Brune : qui n'aurait été exalté par cet héritage qu'on dirait inventé par Rabelais ou le Corneille de l'*Illusion Comique* ?

D'autant que si l'enfant Dumas n'a que quatre ans à la mort de son père, il a fait à ses côtés, en certaines occasions, de singulières rencontres. En 1805, son père le conduit chez Mme de Montesson, la veuve du duc d'Orléans. Quelques jours plus tard, il l'emmène déjeuner chez le maréchal Brune, avec Murat dont le sabre lui sert de jouet. Et un peu plus tard, le général et le marmot sont reçus par la princesse Pauline, sœur de l'empereur, déesse de l'amour…

Bref, une hérédité qui n'implique pas qu'on écrive *Antony* ou *Les Trois Mousquetaires*, mais qui peut contribuer à éveiller l'esprit et les sens d'un jeune homme doué d'un certain tempérament, un tempérament dont témoigneront mieux les bergères que les confesseurs, les braconniers que les maîtres de grammaire…

Enfance, adolescence qui eût enchanté Rousseau si quelque maître de morale s'en fût mêlé. Écureuils et chevreaux, braconnage, vagabondage : Alexandre aux boucles encore claires (il l'écrit en tout cas…) est un petit vagabond qui, jusqu'à dix-sept ans, rentre coucher chez sa mère, à Villers-Cotterêts où elle tient un bureau de tabac pour survivre. Passé cet âge, on le retrouvera plus souvent chez Aglaé ou chez Louise, ses maîtresses… Bon aperçu, ici, d'Henri Clouard :

« Alexandre Dumas, c'est tout d'abord un nourrisson des bois, des rivières, d'une clairière dans la grande forêt… un gamin entré dans le monde des oiseaux et qui pratiquera la chasse avant l'âge. Ce sera bientôt un adolescent familier des pelouses et des ronds-points, dans de vieux châteaux Louis XIII entourés de parcs, amoureux d'un essaim de fraîches jeunes filles. La vie de ce garçon prendra et gardera pendant des années un caractère de franche, saine, éclatante idylle, comparable dans notre histoire littéraire aux jeunes années de Rétif de la Bretonne et à celles de Gérard de Nerval. »[3]

Ce qu'il sait à vingt ans, il le tient de l'excellent abbé Grégoire – pas le fameux, non, pas le prêtre lorrain ami des juifs – qui lui enseigne, en son « petit collège », un peu de religion, à laquelle il restera en somme attaché, du latin, qu'il oubliera, et quelques principes de conduite ; mais aussi de deux « immigrés » en Valois que l'on retrouvera, Amédée de la Ponce et Adolphe de Leuven, de Me Montesson, le notaire de Villers-Cotterêts, et son cousin, le bourru Jean-Michel Deviolaine qui ne cessera de le houspiller, mais qu'il aima.

Premiers livres lus : Buffon, dans une édition pour la jeunesse – qui donne quelque lustre à ses connaissances éparses de la

---

[3] *Alexandre Dumas*, Paris, Albin Michel, 1955.

prairie, des bois et des mulots – ; *Robinson Crusoé*, *Les Mille et Une Nuits* ; et, d'un certain Demoustier, bien oublié, des *Lettres sur la mythologie* auxquelles il devra d'avoir l'air d'en savoir assez long sur Zeus et sur Apollon…

Mais nous le verrons, cherchant désespérément une « position » à Paris, avouer piteusement au général Foy, si bienveillant et qui cherche à le tirer d'affaire, qu'il ne sait rien qu'un peu de latin et d'italien. Il lui faut alors convenir que son éducation n'a été qu'une longue vacance : il ne devra son premier et minuscule emploi parisien qu'à l'élégance de son écriture ! Tout de même, la rencontre, vers dix-huit ans, de deux garçons de bonne culture, Amédée et Alphonse (dont nous ferons la connaissance), le dégrossira et lui donnera l'heureux vernis culturel dont il paraîtra se contenter gaiement…

La plupart des portraits que nous avons d'Alexandre Dumas datent bien sûr des années de la gloire, des alentours de 1830. Il est assez difficile d'imaginer l'allure du Robin des bois adolescent, amoureux des forêts du Valois. Voici comment il se décrit dans les *Mémoires* :

« Quant au physique, je faisais un assez joli enfant, avec de longs cheveux bouclés qui ne crêpèrent que lorsque j'eus atteint la quinzième année… de grands yeux bleus…, ce que j'ai encore aujourd'hui[4] de mieux dans le visage ; de grosses lèvres roses et sympathiques… Pour le reste du corps, long et maigre comme un échalas… »

---

[4] Écrit aux environs de la cinquantaine.

Les cheveux continueront de crêper. Les yeux resteront d'un bleu profond, miroitant, magique ; le teint brunira, jusqu'au bistre vers la fin. En lui, l'« indien » supplantera le « caucasien ». Mais ce qui frappera toujours chez Alexandre, jusqu'à la soixantaine, c'est cette allure musclée, dynamique, d'athlète en forme, élastique, aisé, conquérant.

L'un de ses meilleurs portraits est dû à une femme qui l'a bien connu, sans avoir jamais été, elle, sa maîtresse (un phénomène…) : la comtesse Dash, romancière, qui dans ses *Mémoires des autres*, le voit ainsi, entre trente et quarante ans : « Sa taille était superbe. On sait combien il était grand… il montrait, en culottes courtes, ses belles jambes… Avec cela, de très beaux yeux bleus couleur de saphir dont ils avaient l'éclat… »

Ces yeux couleur saphir durent fasciner, surtout quand le teint tourna au basané, quand la chevelure fonça, et c'est à eux probablement, mieux qu'à sa stature d'athlète et presque autant qu'à son éloquence, que l'auteur des *Mousquetaires* dut la plupart de ses conquêtes.

Mais on ne peut se faire une juste idée de la « carrière » amoureuse d'Alexandre, qui se confond souvent avec sa carrière théâtrale – se confondant parfois avec elle – si on n'a à l'esprit l'un des traits de sa personnalité qui chez tout autre irriterait, et qui chez lui enchante par la simplicité et l'exubérance : la vanité, que d'autres nomment hâblerie, ou suffisance.

Nul trait ne la met mieux en lumière que celui-ci, dû à son fils le plus célèbre : « Sa vanité apparaissait telle qu'il serait monté derrière sa voiture pour faire croire qu'il avait un nègre à son service… » Elle le conduira à des prodigalités à la mesure de son ambition, à ce château de Monte-Cristo où s'épanouira, avec moins de discernement esthétique, un génie à la Fouquet, et à la création de ce *Théâtre Historique* qui fut l'un des échecs de sa vie, où il voulut, lui que toutes les scènes réclamaient, manifester de façon quasi féodale sa position d'inventeur et de maître du genre. À Victor Hugo qui se plaint devant lui que Vigny se pose en créateur de théâtre d'Histoire, il rétorque : « Allons, tout le monde sait que c'est moi ! » (et il est vrai que si *Marion Delorme* fut écrit avant *Henri III et sa cour*, c'est le drame de Dumas qui affronta d'abord le public parisien, ouvrant la brèche avant *Hernani* et le *More de Venise*).

Les amours, les amitiés... Dans quel ordre les situer ? Au risque de paraître cultiver le paradoxe, on accordera plus d'importance à celles-ci qu'à celles-là. On verra en ce monstre de virilité, toujours en quête, en chasse de jupons, un ami encore mieux qu'un amant. On évoquera bien sûr ses amours avec Mélanie Waldor et Belle Krelsamer, les rapides liaisons aussi fugitives que glorieuses avec Mlle George ou Marie Dorval, sans oublier cette confidence faite au hasard d'un récit peu connu, *Une aventure d'amour* :

« Ma vanité n'a jamais eu, pour objet, ce que vous appelez les bonnes fortunes. Dans certaines positions de richesse ou de célébrité, on n'a pas le temps de chercher... de mentir. J'ai eu au bras les plus jolies femmes de Paris, de Florence, de Rome, de Naples, de Madrid et de Londres... les plus grandes dames. Et je n'ai jamais dit un mot qui put faire croire... que je ressentisse autre chose pour ces femmes que le respect ou la reconnaissance... »

Un peu forcé ? Bien sûr... Mais cet homme si porté à la forfanterie dans l'ordre politique aussi bien que littéraire, et si souvent infidèle à ses amours, n'aura pas péché par muflerie. Vorace en la matière ? Oui. Mais ni exhibitionniste, ni goujat...

Retenons à ce sujet un autre témoignage de la comtesse Dash :

« Il est, en même temps, franc et dissimulé. Il n'est pas faux, il est menteur, souvent à son insu. Il commence par faire (comme nous tous) un mensonge nécessaire, officieux ; il raconte une histoire apocryphe. Huit jours après, mensonge et histoire sont devenus une vérité. Il ne ment plus, il croit ce qu'il dit ; il se l'est persuadé ; il le persuade… Ce que l'on refusera de croire, ce qui est véritable cependant, c'est la constance fabuleuse du grand romancier dans ses amours. Je ne dis pas sa fidélité, remarquez-le. Il établit une différence totale entre ces deux mots qui, selon lui, ne se ressemblent pas plus que les choses. Jamais il n'a su quitter une femme. Si celles-ci ne lui avaient rendu le service de l'abandonner, il aurait encore toutes ses maîtresses, depuis la première. Personne, plus que lui, ne tient aux habitudes… Il est très doux et très aisé à conduire ; il ne demande pas mieux que de l'être… »

En amitié, il est exemplaire. D'Adolphe de Leuven rencontré à seize ans dans les bois de Villers-Cotterêts, à Charles Nodier, croisé d'abord dans un théâtre, et à Lassagne, son très judicieux collègue de bureau chez le duc d'Orléans, de Victor Hugo avec lequel il ne se brouillera que pour raffermir leurs liens, à Béranger qu'il appelait « mon père », à Gérard de Nerval (« Tu es déjà mon frère, veux-tu devenir mon ami ? ») et du baron Taylor à Jules Michelet, et à ses compagnons de lutte Arago ou Bixio, l'amitié aura joué, dans la vie d'Alexandre, un rôle proprement créateur.

S'il n'a pas laissé de bénéficier du « tous pour un » des mousquetaires, il aura pratiqué hardiment, des batailles du théâtre romantique aux « Trois Glorieuses » et à l'invention de la République, le « un pour tous ».

Dans l'ordre métaphysique, on ne le voit pas suroccupé. Il écrit *Joseph Balsamo*, et non la vie d'Ignace de Loyola. Aramis est fort souvent en prières, mais ce n'est pas le mousquetaire selon son cœur. Et traiter comme il le fait l'évêque de Luçon devenu cardinal de Richelieu n'est pas l'œuvre d'un dévot. Mais le bon abbé Faria n'est peut-être pas par hasard homme de religion – comme le Mgr Myriel des *Misérables*.

À Gérard de Nerval, qu'il aimait beaucoup mieux que d'autres, il a plusieurs fois déclaré qu'il croyait à l'immortalité de l'âme, bien qu'il se voulût matérialiste. Vaguement dévot – il se signait dans les églises – non pratiquant, on le dirait bien déiste, à mi-chemin entre Voltaire et Hugo. Il lui est arrivé en tout cas de reprendre à son compte la devise de son père : « *Deus dedit, Deus dabit* » (Dieu a donné, Dieu donnera) qui n'est pas précisément celle d'un athée.

Travailleur prodigieux. La légende, entretenue par le venimeux Eugène de Mirecourt, auteur, en 1845, d'un pamphlet intitulé *Fabrique de romans : maison Alexandre Dumas* accusant Dumas de « tirer de la cendre du foyer des pommes de terre brûlantes qu'il dévore sans même ôter la pelure », et par un certain Louis de Loménie soutenant à la même époque (celle des grands romans) qu'il était « physiquement impossible que M. Dumas écrive ou dicte tout ce qui paraît signé de lui », veut que l'auteur d'*Antony* ne soit qu'un chef de troupe, voire un plagiaire sans vergogne.

Plagiat ? Emprunts ? Alexandre Dumas n'a jamais caché qu'à l'exemple de Shakespeare, il avait « tiré des filles de la mauvaise société pour les faire entrer dans la bonne ». Qu'il avait, comme

Molière, pris son bien où il se trouvait, car « l'homme de génie ne vole pas : il conquiert ». Mais devient-on homme de génie par la seule conquête ? Par la transfiguration, en tout cas.

Création ou recréation, les manuscrits sont là pour témoigner d'un labeur invraisemblable. On le voit à sa table de travail, chez lui, à l'hôtel, en voyage, à Trouville ou ailleurs, douze à quatorze heures par jour, rentrant d'un bal, d'un dîner à l'Arsenal ou chez Harel, infatigable, verveux, riant tout seul dans la nuit de tel mot d'Aramis ou de Dantès, fou d'écriture, fou de la vie des autres qui était d'abord la sienne, en pourpoint ou en redingote, ou en pyjama…

« Le plus grand volcan de mots depuis Shakespeare », assure Michelet. L'ouragan verbal que déchaîne Dumas, par sa nature même, se mesure en heures de labeur, dût-il, comme le *Napoléon Bonaparte* écrit en huit jours, être fait de plus de citations que d'inventions.

On lit, dans les *Mémoires* de Théodore de Banville, ce trait. Ayant accompagné son fils à un bal masqué près de Montparnasse, costumé en postillon, l'auteur d'*Antony* avait dansé toute la nuit et porté des femmes à bras tendu, comme un « costaud » de foire. Rentré chez lui au petit matin, il voulut ôter sa culotte de peau blanche : elle s'était plaquée sur ses muscles gonflés. Pour le débarrasser de cette « culotte de Nessus », son fils dut la fendre avec un canif et la mettre en morceaux. Libéré, que pense-t-on que fit notre Hercule ? Il choisit de revenir à sa copie ! Ayant bu un bouillon, il s'attabla devant des feuillets de papier qu'il remplit jusqu'au soir…

L'homme « politique », en Alexandre Dumas, n'est jamais tout à fait dissocié de l'écrivain. Fils d'un général assez profondément républicain pour avoir cru que ce régime ne se confondait pas avec la guillotine, et pour avoir bravé un général en quête de couronne, acteur très militant des « Trois Glorieuses », des journées de 1832 où il manqua laisser sa vie et de la révolution de 1848 qui instaura la Deuxième République, Alexandre Dumas paraît se situer dans un courant que, de Béranger à Michelet, nous considérons comme républicain.

Et ceci, du seul fait de quelques relations, fréquentations ou collaborations à des revues engagées ? Non. Dumas fut ici sur les barricades, là dans telle mission en vue de récupérer du matériel de guerre pour les combattants, encore dans une mission en Vendée où un « bleu » risquait sa vie, et aux côtés d'un Garibaldi qui incarnait les combats pour la liberté.

Mais à l'inverse de son ami Hugo, monarchiste légitimiste à vingt ans, symbole de la république à quatre-vingt, on verra Dumas incertain à partir des violences sociales qui agitent la Deuxième République qu'il a contribué à fonder et, entrant dans l'âge mûr, ou mieux le troisième âge, en citoyen plus soucieux d'ordre que de revendications sociales.

En 1848, après les violentes journées de juin, effrayé par les « rouges », il bascule dans le sens de la conservation et dénonce l'attitude de ses amis de 1830. Pire, en 1851, on le retrouvera faisant campagne pour Louis-Napoléon, candidat de l'« ordre ». Mais on sait qu'à cette époque, Victor Hugo était encore bien vacillant…

Il est vrai qu'Alexandre Dumas a beaucoup « redistribué ». Il est plus vrai encore qu'il a beaucoup perdu. Le grand romancier harcelé par tous les quémandeurs qu'allèche sa générosité légendaire n'est plus tout à fait le jeune conquérant de 1829, la victime présumée de la répression des violentes journées de 1832. Peut-être ne bâtit-on pas un château impunément…

Ce qu'il faut observer aussi, à propos de notre Dumas, homme public, c'est que ce personnage qui avait conquis l'une des popularités, ou mieux des gloires les plus éclatantes de son siècle, que tout le monde lisait, reconnaissait dans la rue, ne put jamais se faire élire en quelque assemblée que ce soit. Lui qui, dans sa lettre de démission au roi Louis-Philippe, en janvier 1831, écrivait justement que l'homme de lettres, en lui, n'était que « la préface de l'homme politique », qu'il avait la « certitude » d'être, à trente ans, « député », et qu'il pourrait faire partie d'« une Chambre régénérée », fut constamment mis en minorité. Les échecs électoraux de Dumas et leurs causes : voilà un beau thème d'étude pour un étudiant de science politique !

L'un des traits les plus difficiles à déchiffrer du personnage d'Alexandre Dumas est ce qu'on pourrait appeler sa conscience « ethnique ». En quoi le fait – de plus en plus visible dans sa complexion, de quinze à soixante-huit ans – d'être le petit-fils d'une esclave noire, le fils de ce général mulâtre que la république ne discrimina point mais que Napoléon en vint à appeler « le nègre », pesa-t-il sur son existence, sa vie sociale, ses rapports humains, son inspiration ?

Plus étonnant encore que sa stérilité électorale est ce qu'on pourrait appeler l'innocuité de ses origines ethniques. Dans une société qui n'est certes pas encore contaminée par les thèses racistes de Vacher de Lapouge et de Drumont et que les thèmes rousseauistes du bon sauvage ensemencent toujours, il faut bien admettre que le « quarteron » Alexandre Dumas n'eut guère à souffrir des préjugés raciaux qui infestaient encore – qui infestent toujours – les sociétés européennes.

Intégré, sans que le problème soit même posé, à la « maison » du duc d'Orléans, ami de son fils le duc de Chartres et de plusieurs de ses intimes et plus tard des « napoléonides », intime de grands seigneurs comme le comte d'Orsay, reçu par plusieurs souverains, accueilli dans les salons les plus fermés, traité en seigneur de la république des lettres par les Hugo, les Lamartine ou les Vigny, on ne voit pas que sa filiation ait détourné de lui ni un notable ni une femme. On cite bien le « il pue le nègre… » de Mlle Mars, mais ce trait souligne tristement un désaccord professionnel plutôt qu'il ne définit une attitude – de même que le « nègre » proféré à son propos, hélas, par Balzac.

Nul ne se permettait telle imputation en sa présence, sinon des imbéciles tels que ce quidam qui crut bon de lui demander, pendant un entracte de théâtre, s'il n'avait pas une origine noire. Riposte d'Alexandre, souvent et différemment citée : « Mais oui. Mon ancêtre était un singe, sa descendance était nègre, moi, je suis presque blanc. Ce qui prouve que nous avons commencé par où vous finissez… »

Le pamphlet de Mirecourt déjà cité n'en est pas moins émaillé de bassesses racistes et il faudrait ne pas connaître les caricaturistes du milieu du XIXe siècle pour ne pas avoir observé que, dans la presse qui lui est hostile, les traits d'Alexandre Dumas sont constamment tirés vers ce qui semble caractériser la « négritude » : lèvres épaisses, cheveux crépus, teint sombre. Les auteurs de tels portraits tomberaient aujourd'hui sous le coup de la loi.

On relève extrêmement peu de signes donnant à penser qu'Alexandre Dumas ait pu être blessé par ce type de campagnes ou d'allusions. Quand, dans ses *Mémoires*, il félicite Marie Dorval d'avoir, après une esquisse de liaison avec lui, choisi de se lier à Alfred de Vigny, « un vrai gentilhomme, plutôt qu'un mulâtre comme moi… », est-ce pure moquerie ? Notation extrêmement rare en tout cas, où l'ironie a peut-être plus de place que l'amertume. Comme dans ce passage des *Mémoires* où il se décrit comme un homme à « bonnes fortunes », attribuées à son tempéramment « tropical »…

Une autre manifestation de cette conscience apparaît dans ses *Mémoires*, quand Dumas relate comment, entreprenant d'enlever à Soissons les réserves de poudre nécessaire aux insurgés parisiens, il menace de son pistolet le gouverneur de la ville dont la femme s'écrie : « C'est une seconde révolte des nègres ! » Commentaire de l'auteur des *Mémoires* : « À mes cheveux crépus, à mon teint bruni, à mon accent légèrement créole… elle m'avait pris pour un nègre ! »

Étrange notation. Passe pour le teint. Passe pour les cheveux. Mais l'« accent légèrement créole », où l'aurait-il pris ? À Villers-Cotterêts, élevé par une mère métropolitaine et des prêtres locaux ? À Paris ? Comme quoi l'instinct du romancier l'emporte ici, comme souvent chez lui, sur les données vérifiables.

L'argument le plus souvent avancé par les tenants de la thèse d'un Alexandre Dumas conditionné par sa « négritude » (de quarteron…), c'est le roman qu'il écrit en 1843, deux ans avant les *Trois Mousquetaires*, intitulé *Georges*, dont le héros éponyme est le fils d'un riche mulâtre de l'Île de France (aujourd'hui l'Île Maurice). Un « quarteron » donc, comme Alexandre.

Après de brillantes études en France qui ont fait de lui, en treize ans, une sorte de seigneur, Georges Munier rentre à l'Île de France – conquise entre-temps par les Anglais – pour combattre « le préjugé de couleur ». Le mépris avec lequel est combattu, par la famille, son amour (partagé) pour une jeune Créole, Sara de Malmédie, le pousse à fomenter une révolte des Noirs qui est mâtée, mais à laquelle il survit par miracle.

Bon nombre d'historiens de la littérature ont présenté le personnage de Georges comme un autoportrait et le roman comme un plaidoyer antiraciste. L'ennui est que si Georges combat bien pour la cause noire, le livre dénonce moins le scandale de l'esclavage des Noirs que celui qui consiste à assimiler le mulâtre au nègre. Ne va-t-on pas jusqu'à refuser de reconnaître que « le sang blanc est rédempteur » ? Étrange antiracisme…

Au surplus – parce qu'il n'a pas, lui, affronté le préjugé au sein d'une société coloniale –, Alexandre Dumas ne semble pas avoir proprement « souffert » du racisme : ni Mélanie, ni Belle, ni Ida, ni Marie n'ont trouvé là un prétexte à se refuser à lui. Et quel roi, quelle reine l'aurait, de ce fait, tenu à l'écart ? Quel Leuven, quel d'Orsay ?

On se rangera d'autant moins parmi ceux qui voient en *Georges* une autobiographie et un livre de combat qu'Alexandre Dumas, dût-il se prévaloir d'idées « avancées » en maints domaines, notamment en politique, et si porté, par nature, à la générosité, n'a pas cru devoir se mêler au combat pour l'abolition de l'esclavage – alors qu'il avait côtoyé Victor Schœlcher dans les rangs des artilleurs républicains qui, à la fin de 1830, menèrent la vie assez dure au régime orléaniste pour voir leurs corps « dissous ».

D'ailleurs, *Georges* est un livre des plus ambigus en ce domaine : le frère aîné du héros, Jacques Munier, est un prospère trafiquant d'esclaves dont l'action n'est à aucun moment condamnée ; c'est lui qui, en fin de compte, est le bienveillant *deus ex-machina*, sauvant la vie de son frère. Et le héros noir de la révolte, Laiza, ne doit peut-être sa valeur combative qu'au fait qu'il est lui aussi un « sang mêlé » d'arabe et de « zanguebar »[5].

Non, décidément, *Georges* ne saurait être ni un autoportrait d'Alexandre ni un manifeste pour la libération des Noirs, non plus que *Monte-Cristo* n'est un pamphlet révolutionnaire. Un

---

[5] Déformation de Zanzibar ?

cœur généreux s'y exprime, à propos de l'une des pires tragédies de l'histoire humaine. Mais il s'y manifeste en romancier, non en citoyen…

Beaucoup, du Sainte-Beuve de *Mes poisons* (les biens nommés) à Henri Troyat, tout récemment, se sont essayés avant nous à « croquer » le Prométhée aux cinq cent trente volumes et au deux mille articles en un portrait global. Peu semblent y avoir mieux réussi – sur le mode acide – que le critique de *La Revue des Deux Mondes*, Hippolyte Romand, dès janvier 1834. Nous sommes après les coups d'éclat d'*Antony* et de *La Tour de Nesle*, mais dix ans avant la grande période romanesque. Ce contemporain évoquait ainsi un Alexandre de trente-deux ans :

« M. Dumas est une des plus curieuses expressions de l'époque actuelle. Passionné par tempérament, rusé par instinct, courageux par vanité, bon de cœur, faible de raison, imprévoyant de caractère, c'est tout Antony pour l'amour, c'est presque Richard (Darlington[6]) pour l'ambition, ce ne sera jamais Sentinelli[7] pour la vengeance ; superstitieux quand il pense, religieux quand il écrit, sceptique quand il parle ; nègre d'origine et Français de naissance, il est léger même dans ses plus fougueuses ardeurs, son sang est une lave et sa pensée une étincelle ; l'être le moins logicien qui soit…

Menteur en sa qualité de poète, avide en sa qualité d'artiste, généreux parce qu'il est artiste et poète ; trop libéral en amitié,

---

[6] Héros d'un drame joué en 1831.
[7] Le « traître » de *Christine* de Suède.

trop despote en amour ; vain comme femme, ferme comme homme, égoïste comme Dieu ; franc avec indiscrétion, obligeant sans discernement, oublieux jusqu'à l'insouciance, vagabond de corps et d'âme, cosmopolite par goût, patriote d'opinion ; riche en illusions et en caprices, pauvre de sagesse et d'expérience ; gai d'esprit, médisant de langage, spirituel d'à-propos.

Don Juan la nuit, Alcibiade le jour ; véritable Protée, échappant à tous et à lui-même ; aussi aimable par ses défauts que par ses qualités, plus séduisant par ses vices que par ses vertus : voilà M. Dumas tel qu'on l'aime, tel qu'il est, ou du moins tel qu'il me paraît en ce moment ; car, obligé de l'évoquer pour le peindre, je n'ose affirmer qu'en face du fantôme qui pose devant moi, je ne sois pas sous quelque charme magique ou quelque magnétique influence. »[8]

Savoir écrire cela avant les *Trois Mousquetaires*, *Monte-Cristo*, *Joseph Balsamo…*

Alexandre Dumas est un grand citoyen du XIXᵉ siècle, comme on est citoyen du monde. Par l'énergie, par l'imagination, par la générosité, par la démesure aussi, le grand crépu basané aux yeux de saphir est l'un des personnages de la tragédie ouverte par la Révolution française et close par l'apparition concomitante des États-Unis et du Japon sur la scène mondiale au début du XXᵉ siècle – qui implique la fin d'un certain âge de la culture, le début d'un autre…

---

[8] *La Revue des Deux Mondes*, 15 janvier 1834.

Un croquis liminaire

Sans être parvenu à l'achèvement esthétique de ses plus grands contemporains, il est le citoyen flamboyant d'une république sans frontière dont Beethoven, Victor Hugo et Lord Byron, Lamartine, Berlioz et Kleist, Pouchkine, Goya, Leopardi, Baudelaire et Balzac, George Sand, Delacroix, Mickiewicz, Michelet, sont entre autres les héros.

La hâte où il vit, une sorte de gloutonnerie d'existence, la fureur du paraître l'ont privé de cette vertu suprême de l'artiste qui consiste à savoir élaguer, raturer, jeter. « Plus de génie que de talent ! », écrit Hugo. Il va griffonnant, assis, debout, couché, d'une écriture plutôt petite, veillant d'un œil sur sa phrase, de l'autre sur celle du collaborateur du jour. Plus de cinq cents volumes...

Artiste qui ne dépasse que par bouffée l'esquisse ou le brouillon, sinon le remplissage, il lui arriva de s'évader, d'un coup d'aile, de la copie pour atteindre à l'œuvre. Dans ses *Mémoires*, en tout cas. Mais s'il nous est si cher, le géant prolifique à l'œil bleu sous la toison noire, c'est parce qu'il aura été un sourcier de bonheurs. Brefs ? Et alors... Il reste celui dont on aurait voulu être l'ami.

Jean LACOUTURE

Les personnages du drame

(par ordre d'entrée en scène)

LE GÉNÉRAL DUMAS, né en 1762 à Saint-Domingue, fils de Cessette Dumas, esclave noire, et d'Alexandre Davy de la Pailleterie, est le père d'Alexandre. Engagé volontaire à 24 ans comme simple troupier, il est général de la Révolution sept ans plus tard. Compagnon de Bonaparte en Italie. Conquérant du Tyrol. Brouillé avec le commandant en chef en Égypte, il est rapatrié d'office, emprisonné à Naples. Il meurt à 44 ans à Villers-Cotterêts, dans le dénuement. Sa force herculéenne contribue à sa légende.

MARIE-LOUISE LABOURET, de Villers-Cotterêt (Aisne), mariée à 14 ans au général, mère d'Alexandre dont elle surveille mal l'éducation. Tient un bureau de tabac pour survivre. Son fils l'emmène avec lui, en 1823, à Paris, où il prend soin d'elle tendrement. Elle meurt en 1838.

ADOLPHE DE LEUVEN, né comme Alexandre en 1802, fils d'un noble suédois complice de l'assassinat de Gustave III, réfugié en France où il possède un domaine près de Villers-Cotterêt. Il s'y lie avec Alexandre, écrit plusieurs pièces avec lui. À Paris, lui fait connaître des célébrités, dont Talma. Très lié à la carrière d'Alexandre Dumas.

35

TALMA (FRANÇOIS-JOSEPH), le premier des « grands » tragédiens que rencontre Alexandre – qui lui voue une ardente admiration. Lui fit le meilleur accueil, désignant en lui « un nouveau Corneille ». Sa mort, en 1826, ne permit pas à Dumas d'écrire un rôle pour lui.

PHILIPPE, DUC D'ORLÉANS, fut, non sans réserves, un protecteur d'Alexandre, qu'il accueillit comme secrétaire dans ses bureaux grâce au général Foy, et prenant part au triomphe *d'Henri III et sa cour*. Mais la Monarchie de Juillet apparaîtra à Dumas comme une trahison des « Trois Glorieuses ». D'où sa rupture avec le duc, devenu le roi Louis-Philippe.

LAURE LABAY, entrée dans la vie d'Alexandre dès son arrivée à Paris en 1822 – couturière, elle était sa voisine de palier –, fut la mère du célèbre Alexandre (fils), veillant sur son éducation. L'auteur de *La Dame aux camélias* réussit à les réconcilier après une longue brouille, mais non à les marier…

AMÉDÉE DE LA PONCE, de 12 ans l'aîné d'Alexandre. Ancien officier de cavalerie installé près de Villers-Cotterêt, il prend soin d'Alexandre adolescent, lui apprend l'italien, lui fait lire les grands romantiques, lui sert de témoin dans ses duels. Le retrouve dans les bureaux du duc d'Orléans. Modèle de fidélité.

ESPÉRANCE-HIPPOLYTE LASSAGNE, compagnon d'Alexandre dans les bureaux du duc d'Orléans, s'improvisa son conseiller littéraire, le contraignant à travailler les grands maîtres, d'Eschyle à Shakespeare et Molière. Écrivit avec lui *La Noce et l'enterrement* et resta son ami.

MADEMOISELLE MARS, comédienne célèbre dès le début du siècle, régnait sur la Comédie-Française en grande professionnelle.

Elle avait peu de goût pour le drame romantique, mais fut une bonne interprète d'*Henri III et sa cour*. Les ennemis d'Alexandre assurent qu'elle disait de lui : « Il pue le nègre. »

MADEMOISELLE GEORGE, comédienne que Dumas tenait pour la plus belle femme de son temps – et qui fut probablement sa maîtresse, après avoir été celle de Napoléon et d'Alexandre de Russie… – créa la Marguerite de Bourgogne de la *Tour de Nesle* et resta son amie, octogénaire.

LE BARON TAYLOR, administrateur de la Comédie-Française à partir de 1825, ouvrit son théâtre aux dramaturges romantiques, et d'abord à Dumas, mettant son crédit, qui était grand auprès de la cour, au service de ses amis.

FRÉDÉRICK LEMAÎTRE, le « Talma du boulevard », interprète (peu vraisemblable) de Napoléon, mais incomparable dans *Kean*, fantasque, entretient des relations orageuses avec Alexandre qui voyait en lui un collaborateur avisé pour tout ce qui touchait son métier.

FRÉDÉRIC SOULIÉ, dramaturge et patron d'usine, se lia vers 1826 avec Alexandre, écrivit avec lui *Les Puritains d'Écosse* qui resta inachevé, mais refusa de collaborer avec lui pour *Christine*. Chacun rédigea la sienne : celle de Soulié fut un échec, celle de Dumas un demi-succès.

MÉLANIE WALDOR, de six ans l'aînée d'Alexandre, épouse d'un officier errant de garnison en garnison, devient la maîtresse d'Alexandre en 1827 et entretient avec lui une liaison de trois années, orageuse mais bénéfique, exaltant ses ambitions et tenant un salon littéraire. Elle lui inspira le sujet d'*Antony* – le nom donné à l'enfant qu'elle attendait d'Alexandre et qui mourut en couches. Elle a écrit et publié des poèmes – et échangé avec Dumas une belle correspondance.

BELLE KRELSAMER, comédienne connue sous le pseudonyme de Mélanie Serre, beauté brune, succéda à Mélanie Waldor dans la vie d'Alexandre, lui donnant une fille, Marie. Elle fut pour lui l'égérie des « Trois Glorieuses ». Il n'en fit pourtant ni sa femme, ni l'une de ses grandes interprètes.

MARIE DORVAL, comédienne, fut une des grandes interprètes de Dumas. Elle reprit à Mlle Mars le rôle d'Adèle, dans *Antony*, et le joua comme si elle le vivait. Trop amoureuse de Vigny pour lui préférer Alexandre qui l'aimait, morte dans le dénuement, elle reste le type de la grande actrice romantique.

CHARLES HAREL, amant officiel de Mlle George, directeur de l'Odéon, passait pour l'un des hommes les plus spirituels de son temps. S'il contraignit son ami Dumas à écrire son fâcheux *Napoléon Bonaparte*, il n'en servit pas moins bien sa carrière.

CHARLES NODIER, bibliothécaire de l'Arsenal, dramaturge et romancier notoire, accueille très généreusement le jeune Alexandre dans son cénacle, animé par sa fille Marie. Nanti d'un cercle de relations incomparables, il lui ouvre toutes les portes. « Nodier était un aimeur », écrit Alexandre Dumas.

VICTOR HUGO, exact contemporain d'Alexandre, le rencontre pour la première d'*Henri III et sa cour*, en 1829. En dépit d'une brouille de quelques mois, en 1833, et de quelques froissements dus aux comédiennes dont ils partageaient la vie, leur amitié fut éclatante, confortée par leurs affinités politiques.

ALFRED DE VIGNY, de cinq ans l'aîné de Dumas, entretient avec celui-ci des relations moins étroites que Hugo (à cause de Marie Dorval ?). Mais l'auteur du *More de Venise*, bien qu'il se prétendît le créateur du théâtre romantique – titre revendiqué également par Dumas – témoigna à diverses reprises et sous diverses formes de l'amitié qu'il lui portait, si peu qu'il partageât ses idées politiques...

FIRMIN (J.-B. BECQUERELLE), comédien, de vingt ans l'aîné de Dumas, contribua à son entrée au répertoire de la Comédie-Française – bien qu'il goutât peu le théâtre romantique – et fut l'excellent créateur du Saint-Mégrin d'*Henri III et sa cour*. Il devint même l'ami de Dumas, organisant chez lui des lectures de ses pièces.

LA FAYETTE (GILBERT MOTIER DE), combattant au côté des « insurgents » américains en 1777, député aux États généraux de 1789. Émigré, il est considéré à son retour en France comme le symbole du libéralisme, commande la Garde nationale en 1830, préside un éphémère « gouvernement provisoire », et apparaît alors comme le dirigeant naturel de la république rêvée par Dumas. Rêvée seulement...

CHAPITRE I

Avec quat'lièvres et douze perdrix...

« En selle ! » ✦ Adolphe retrouvé ✦ Le geste impérial de Talma ✦ Celui qui n'a pas dîné... ✦ Sylla et Napoléon ✦ La misère à Villers-Cotterêts ✦ Les Piranèse du général Dumas ✦ Sauvé par son écriture ✦ Ode au général Foy ✦ Chez le duc d'Orléans...

D'Artagnan est entré dans Paris – qui ne l'a lu ? – sur un vieux cheval jaune, l'épée à la ceinture. Un peu moins de deux siècles plus tard, Alexandre Dumas y pénètre lui, en croupe d'un ami, armé d'un fusil de chasse et porteur de quelques pièces de gibier en guise de pécule.

Il a vingt ans, lui aussi. Depuis trois mois, il a quitté sa mère et l'étude du notaire de Villers-Cotterêts, sa ville natale, où madame Dumas, veuve d'un général républicain disgracié par l'Empire, tient un bureau de tabac, pour devenir deuxième clerc de l'étude de M⁽ᵉ⁾ Lefèvre, à Crépy-en-Valois – un peu plus près de ce Paris qui peuple ses rêves.

Un jour de novembre 1822, penché sur son grimoire, il entend le pas d'un cheval et quelqu'un qui le hèle de la rue : son ami Paillet, ancien collègue à Villers-Cotterêts. Il se jette dehors : un ami, un cheval ! Et, dans le mouvement : « Nous partons pour Paris ! » — « Avec quoi, Alexandre ? J'ai 28 francs… » — « Moi, sept… » — « Alors ?… » — « Alors, tu as un cheval, moi un fusil. Entre Paris et nous, vingt lieues, et quelques forêts… L'un chasse, l'autre tient le cheval en guettant le garde-chasse… Il ferait beau voir que nous ne fassions pas quelques lièvres, des cailles et des perdrix : de quoi payer notre gîte à Paris… » — « Oui, j'ai un petit hôtel, rue des Vieux-Augustins, qui… » — « En selle ! »

Avec un demi-cheval, la moitié d'un fusil, quatre lièvres, deux cailles, douze perdrix, Alexandre entre dans Paris, le lendemain soir, 3 novembre 1822. Pour y passer moins de deux jours, la première fois. Mais ce seront de riches heures où s'ébauchera la grande aventure théâtrale qui fera d'abord sa gloire.

Alexandre Dumas se sait attendu tôt ou tard par son ami Adolphe de Leuven (ce nom, qui semble résumer le génie romanesque du XIXe siècle…), rencontré près de Villers-Cotterêts, avec lequel il a griffonné deux ou trois vaudevilles, déjà, que le second s'efforce de faire jouer sur les boulevards. Par son père, grand notable suédois en exil, Adolphe connaît quelques célébrités, dont le dramaturge Arnault, et le tragédien Talma.

Courant chez son ami au petit matin, Alexandre passe devant la Comédie-Française : il y voit affiché pour le même soir le *Sylla* de Victor de Jouy, joué par le grand tragédien. Le voilà à Montmartre, chez les Leuven : « Réveillez-vous, Adolphe : nous filons demander des places à Talma pour la soirée au théâtre ! »

Les deux amis trouvent le comédien à sa toilette, et sont reçus comme des princes numides par un consul de Rome, Talma tirant sur ses épaules un peignoir qu'il manie comme une toge (« Il y eut dans ce mouvement quelque chose d'impérial qui me fit tressaillir… »).

Leuven ayant formulé leur requête, « Talma prit une espèce de stylet antique, au bout duquel était une plume, et nous signa un billet de deux places… » C'est alors que son ami présente au tragédien « le fils du général Dumas ». Talma pousse la bonne grâce jusqu'à se rappeler avoir rencontré le général chez Saint-Georges. Puis il tend sa main à Alexandre, qui note :

« J'avais une grande envie de la lui baiser… Si on t'avait dit, Talma, que la main que tu venais de toucher écrirait soixante ou quatre-vingts drames dans chacun desquels – toi qui en cher-chas toute ta vie – tu eusses trouvé un rôle dont tu eusses fait une merveille… »

Flânant dans Paris en attendant la grande soirée, Alexandre fait un détour par le Café du Roi où se retrouvent, il le sait, les écrivains. Il n'est pas surpris d'y voir, attablé devant un verre vide, Auguste Lafarge, un ancien camarade de Villers-Cotterêts parti avant lui chercher gloire à Paris. Tombé dans la misère, il ressasse sa rancune contre les gens à la mode…
Alexandre lui semble bien pressé :

« Dame, je n'ai jamais vu Talma !
— Eh bien, mon cher, hâtez-vous de le voir.
— Pourquoi cela ?
— Parce qu'il *s'avachit* horriblement.
— Ah ça ! Mais les journaux disent qu'il n'a jamais été plus jeune de talent, qu'il n'a jamais été plus beau de physionomie.
— Vous croyez donc à ce que disent les journaux ?
— Dame !
— Vous en ferez un jour, mon cher, du journalisme.
— Eh bien, après ?…
— Eh bien, quand vous en ferez, vous verrez comment cela se fait. »

Adolphe le rejoint, et frappé de son air dépité :

« Vous étiez avec Lafarge ?

— Oui.

— Mais qu'a-t-il donc dit ?

— Il m'a dit que M. de Jouy était un crétin, et Talma un Cassandre.

— Pauvre Lafarge ! Il n'avait peut-être pas dîné.

— Voilà qui explique bien des choses !... MM. de Jouy et Talma dînent tous les jours et ce malheureux Lafarge ne peut pas leur pardonner cela.

Hélas, que j'ai vu de critiques depuis, qui, comme Lafarge, ne pouvaient pardonner à ceux qui dînaient... »

D'Artagnan n'en est encore qu'au baudrier de Porthos... Il lui reste à se mesurer à Athos, et à bien d'autres. La soirée est donc consacrée au *Sylla* de M. de Jouy – tragédie bien oubliée, mais dont les extraits, cités dans les *Mémoires*, ne sont pas si médiocres :

> « *Parmi tous ces Romains à mon pouvoir soumis,*
> *Je n'ai plus de rivaux, j'ai besoin d'ennemis...*
> *Leur haine ne saurait atteindre ma mémoire,*
> *J'ai mis entre eux et moi l'abîme de ma gloire.* »

Jouy avait habilement tiré parti de certaines ressemblances historiques et physiques entre Sylla et Napoléon. L'abdication du premier rappelait celle de l'empereur ; la tête de Talma, son visage.

« Quand je vis Talma entrer en scène, je jetai un cri de surprise. Oh ! oui, c'était bien le masque sombre de l'homme que j'avais vu passer à Villers-Cotterêts dans sa voiture, la tête inclinée sur sa poitrine, huit jours avant Ligny, et que j'avais vu revenir le lendemain de Waterloo.

Beaucoup ont essayé depuis, avec le prestige de l'uniforme vert, de la redingote grise et du petit chapeau, de reproduire cette médaille antique, mais nul, ô Talma ! n'a eu ton œil plein d'éclairs, avec cette calme et sereine physionomie sur laquelle la perte d'un trône et la mort de trente mille hommes n'avaient pu imprimer un regret ni la trace d'un remords.

Qui n'a pas vu Talma ne saurait se figurer ce que c'était que Talma ; c'était la réunion de trois suprêmes qualités, que je n'ai jamais retrouvées depuis dans un même homme : la simplicité, la force et la poésie ; il était impossible d'être plus beau de la vraie beauté d'un acteur, c'est-à-dire de cette beauté qui n'a rien de personnel à l'homme.

Les acteurs se plaignent que rien d'eux ne survit à eux-mêmes. Ô Talma ! j'étais un enfant lorsque, dans cette solennelle soirée où je vous voyais pour la première fois, vous entrâtes en scène, ouvrant du geste cette haie de sénateurs, vos clients ; eh bien, de cette première scène, pas un de vos gestes ne s'est effacé, pas une de vos intonations ne s'est perdue…

La toile tomba au milieu d'immenses bravos.

J'étais étourdi, ébloui, fasciné. »

Adolphe entraîne son ami dans la loge du tragédien, où se pressent tous les Casimir Delavigne et les Népomucène Lemercier, qui faute de pouvoir se consoler du succès d'un rival, sont venus congratuler le tragédien.

Si entouré qu'il soit, Talma avise, près de la porte, notre Alexandre qui se décrit « bien humble et rougissant » :

« Eh bien, dit-il, monsieur le poète, êtes-vous content ?
— Je suis mieux que cela, monsieur… je suis émerveillé !

— Eh bien, il faut revenir me voir, et me redemander d'autres places.

— Hélas ! monsieur Talma, je quitte Paris, demain ou après-demain, au plus tard.

— C'est fâcheux ! Vous m'auriez vu dans *Régulus*…

— Impossible ! Il faut que je retourne en province.

— Que faites-vous en province ?

— Je n'ose pas vous le dire. Je suis clerc de notaire…

— Bah ! dit Talma, il ne faut pas désespérer pour cela ! Corneille était clerc de procureur ! Messieurs, je vous présente un futur Corneille.

Je rougis jusqu'aux yeux.

— Touchez-moi le front, dis-je à Talma, cela me portera bonheur !

Talma me posa la main sur la tête.

— Allons, soit ! dit-il. Alexandre Dumas, je te baptise poète au nom de Shakespeare, de Corneille et de Schiller !… Retourne en province, rentre dans ton étude, où l'ange de la poésie saura bien t'enlever par les cheveux.

Je pris la main de Talma, que je cherchai à baiser :

— Allons, dit-il, ce garçon a de l'enthousiasme, on en fera quelque chose.

Et il me secoua cordialement la main. »

Le lendemain, ayant assuré à Adolphe de Leuven qu'il ferait promptement retour dans ce Paris où lui sont ainsi, d'un coup, ouvertes les portes du théâtre et de l'homme qui l'incarne alors, il retrouve Paillet, saute en croupe. Et les voilà, le surlendemain, « chargés de deux lièvres et de six perdrix – résultat des économies que nous avions faites sur notre chasse de la veille et du jour –, entrant à Crépy, en donnant nos derniers vingt sous à un pauvre ».

Dumas rompt à l'amiable avec son notaire et court à Villers-Cotterêts embrasser sa mère, à qui il ne peut dissimuler que son désir de Paris est devenu une poignante obsession : se faire jouer sur une scène de la capitale, où l'attend Leuven… Mais il ne saurait se séparer de sa mère, qui ne vit, chichement, que de son bureau de tabac et de quelques emprunts. Comment subsister tous deux à Paris ? Il lui faut y décrocher « un emploi à 1 200 francs… »

Il y a, bien sûr, ces deux vaudevilles et le drame qu'Adolphe de Leuven et lui ont écrits à quatre mains, *Un dîner d'amis*, *Le Major de Strasbourg* et *Les Abencérages*. Mais Adolphe se démène en vain, depuis plusieurs mois, pour les faire recevoir par quelque théâtre du boulevard. C'est sur un terrain plus austère qu'il faut se battre pour s'assurer une mensualité et installer sa mère à Paris.

Il a quelques idées, Alexandre (il en a, il en aura toujours…) Travailler chez le célèbre banquier Laffitte, plus ou moins lié aux Leuven ? On lui fait vite comprendre qu'il y a plus de demandes que d'offres, et qu'il a peu de compétences en ce domaine. Il apprend que son cousin Deviolaine, qui a contribué, non sans humeur, à son éducation, vient d'être nommé à l'administration des chasses du duc d'Orléans. Une piste ? Mais ce bourru – qui pourra s'avérer bienfaisant – lui donne à entendre qu'on n'a rien à faire d'un fainéant tel que lui : un poète, et de théâtre par surcroît !

Il faut vendre la maison que Mme Dumas a achetée en viager à un M. Harlay qui vient de s'éteindre, le cher homme, le jour de ses quatre-vingt-dix ans… Le terrain voisin qu'elle louait, vendu à la criée, rapporte trente-trois mille francs. La maison, cédée à l'amiable, douze mille francs.

« Nos dettes éteintes, les frais payés, il restait à ma mère deux cent cinquante-trois francs de capital… Jamais, nous ne nous étions, en réalité, trouvés si près de la misère.

Depuis la mort de mon père, nous avions constamment marché vers l'épuisement successif de toutes nos ressources.

La lutte avait été longue : de 1806 à 1823 ! Elle avait duré dix-sept ans ; mais, enfin, nous étions vaincus.

Quant à moi, je ne m'étais jamais senti si gai et si confiant…

— Eh bien, dis-je à ma mère, tu vas me donner les cinquante-trois francs ; je partirai pour Paris, et, cette fois, je te promets de ne revenir que pour t'apporter une bonne nouvelle. »

Alexandre a réalisé que si son père s'était attiré la haine de Napoléon, son nom était lié à trop de faits d'armes pour n'être pas porteur d'amitiés, de fidélités, de solidarités chez les républicains, parmi les esprits libres en tout cas. Il ouvre le portefeuille du général pour y trouver la liste des compagnons fidèles, quelques lettres – de Victor, duc de Bellune, présentement ministre de la Guerre, de Jourdan ou de Sébastiani, la plupart des autres ayant disparu, assassinés, fusillés, fauchés par quelque boulet ou quelque épidémie…

Afin d'opérer le grand transfert parisien avec sa mère, il lui faut donc jouer cette carte-là : au pays de la mémoire et de la fidélité. Existe-t-il ? En tout cas, il lui faut d'abord récolter, pour ce faire, quelques fonds. Un peu de gibier ne lui suffira pas, cette fois…

Son père avait ramené de ses campagnes en Italie quatre gravures de Piranèse. Il les fait évaluer : deux cents francs. Il en tire cinquante. Son chien Pyrame lui causait mille ennuis en pillant les étalages des boucheries et charcuteries de Villers-Cotterêts : il en obtient cent francs d'un Anglais de passage. Et une partie de billard avec le cafetier du coin, nommé Cartier, lui rapporte six cents petits verres d'absinthe qui, convertis en argent, valent quatre-vingt-dix francs, le prix du voyage et de trois journées à Paris. Piranèse, Pyrame, l'absinthe : on ne peut pas vivre seulement de cailles et de perdrix.

Le voilà donc prêt à repartir pour Paris, en quête de l'emploi qui lui assurera de quoi y installer sa mère et y imposer sur la scène son nom, aux côtés de celui du cher Adolphe de Leuven. À la veille du départ, il va voir son ancien patron, Me Mennesson, qui lui donne trois conseils :

« Défie-toi des prêtres, déteste les Bourbons, et souviens-toi que le seul état digne d'un grand peuple est l'état républicain. »

Quant à son maître de latin, l'abbé Grégoire, il se limite à deux avis :

« Peu importe que tu oublies Dieu. Mais je ne veux pas que tu en doutes. Et souviens-toi de ce précepte évangélique : ne fais pas aux autres ce que tu ne voudrais pas que l'on te fasse… »

Paris, de nouveau… Et cette fois, pour y conquérir la gloire. Cap sur la maison de Leuven, où le père lui fait un aussi bon accueil que le fils. Quant à croire que les vieux compagnons de son père se mettront à sa disposition, cet homme d'expérience lui fait bien sentir que la reconnaissance n'est pas le premier moteur de la vie sociale. Alexandre refuse de se résigner à tant de scepticisme, et court chez Victor, chez Jourdan, chez Sébastiani, découvrant l'incrédulité de l'un (« Dumas avait un fils ? A-t-il survécu à ses disgrâces ? »), la superbe indifférence des autres. Il ne voit guère que les laquais des maréchaux, les secrétaires des généraux…

Un nom lui revient : celui du général Verdier, qui a servi « sous » son père en Égypte. Ici, à Montmartre, pas de laquais : on l'introduit dans l'atelier d'un peintre. Il interpelle l'homme devant sa toile : « Où pourrais-je trouver le général ? » — « C'est moi… » — « Je suis le fils de votre ancien compagnon d'armes… »

— « Dumas ! Vous êtes son portrait… Le plus brave, et le plus bel homme de l'armée. Moulé comme pas un ! Quel modèle pour un peintre… » — « Je suis en quête d'une place à Paris… » — « Mon pauvre enfant, une place, si petite qu'elle soit, par le temps qui court, pour le fils d'un général républicain. Ah ! si tu étais le fils d'un émigré ou d'un chouan ; si seulement ton pauvre père avait servi dans l'armée russe ou autrichienne, tu aurais des chances… » — « Mais j'ai aussi une recommandation pour le général Foy, député de mon département… » — « Ah ! là, c'est autre chose. Cours de bon matin, dès demain, chez Foy. Il te recevra. En attendant, je t'emmène dîner… » — « Et moi, je vous invite ensuite au théâtre. J'ai deux places pour *Régulus* avec Talma… »

Les voici au Théâtre-Français :

« J'avais la mémoire pleine de *Sylla* ; je voyais entrer le sombre dictateur aux cheveux aplatis, à la tête couronnée, au front creusé par l'inquiétude ; sa parole était lente, presque solennelle ; son regard – celui du lynx et de l'hyène – s'abritait sous sa paupière clignotante comme celle des animaux qui ont l'habitude de veiller pendant la nuit et de voir dans l'obscurité.

C'était ainsi que j'attendais Talma. »

Mais Régulus, général républicain, n'est pas Sylla…

« Il entra, le pas rapide, la tête haute et la parole brève, ainsi qu'il convient au général d'un peuple libre et d'une nation conquérante ; il entra, enfin, tel que Régulus devait entrer. Plus de toge, plus de pourpre, plus de couronne : la simple tunique, serrée par la ceinture de fer, sans autre manteau que celui du soldat.

Voilà ce qu'il y avait d'admirable chez Talma, c'est que, dans le héros qu'il était appelé à représenter, il rebâtissait une époque. Oui, Talma, oui, vous étiez bien, cette fois, l'homme de la guerre punique, ce triomphateur à qui ses contemporains, ignorants encore de ces titres et de ces honneurs avec lesquels on récompense les défenseurs de la patrie, donnèrent un joueur de flûte pour suivre ses pas en tout lieu, et une colonne rostrale pour planter devant sa maison ; oui, vous étiez bien le consul qui, en abordant en Afrique, eut à combattre des monstres avant de combattre des hommes, et qui essaya des machines de guerre destinées à démanteler les murailles de Carthage. »

Le lendemain, Alexandre se présente chez le général Foy, en qui s'incarne alors l'espoir des républicains et des libéraux. Il le trouve écrivant debout devant une haute table couverte de papiers et de cartes.

« Le général Foy devait être, à cette époque, un homme de quarante-huit à cinquante ans, maigre, plutôt petit, aux cheveux rares et grisonnants, au front bombé, au nez aquilin, au teint bilieux.

Il portait la tête haute, avait la parole brève et le geste dominateur.

On m'annonça.

— M. Alexandre Dumas ? répéta-t-il après le domestique. Faites entrer.

J'apparus tout tremblant.

— Seriez-vous le fils du général Dumas qui commandait l'armée des Alpes ?

— Oui, général.

— On m'a dit que Bonaparte avait été bien injuste pour lui, et que cette injustice s'était étendue à sa veuve ?

— Il nous a laissés dans la misère.

— Puis-je vous être bon à quelque chose ?

51

— Je vous avoue, général, que vous êtes à peu près mon seul espoir…

— Il faut d'abord que je sache à quoi vous êtes bon.

— Oh ! pas à grand-chose !

— Bah ! Vous savez bien un peu de mathématiques ?

— Non, général.

— Vous avez, au moins, quelques notions d'algèbre, de géométrie, de physique ?

Il s'arrêtait entre chaque mot, et, à chaque mot, je sentais une nouvelle rougeur me monter au visage, et la sueur ruisseler de mon front en gouttes de plus en plus pressées.

C'était la première fois qu'on me mettait ainsi face à face avec mon ignorance.

— Non, général, répondis-je en balbutiant, je ne sais rien de tout cela.

— Vous avez fait votre droit, au moins ?

— Non, général.

— Vous savez le latin, le grec ?

— Le latin, un peu ; le grec, pas du tout.

— Parlez-vous quelque langue vivante ?

— L'italien.

— Vous entendez-vous en comptabilité ?

— Pas le moins du monde.

J'étais au supplice, et lui-même souffrait visiblement pour moi.

— Oh ! général, m'écriai-je avec un accent qui parut l'impressionner beaucoup, mon éducation est complètement manquée, et, chose honteuse ! c'est d'aujourd'hui, c'est de ce moment que je m'en aperçois… Je la referai, je vous le jure !

— Mais, en attendant, mon ami, avez-vous de quoi vivre ?

— Rien ! rien ! rien, général ! répondis-je écrasé par le sentiment de mon impuissance.

Le général me regarda avec une profonde commisération.

— Et cependant, dit-il, je ne veux pas vous abandonner…

— Non, général, car vous ne m'abandonneriez pas seul ! Je suis un ignorant, un paresseux, c'est vrai ; mais ma mère, qui compte sur moi, ma mère, à qui j'ai promis que je trouverais une place, ma mère ne doit pas être punie de mon ignorance et de ma paresse.

— Donnez-moi votre adresse… Tenez, là, à ce bureau.

Il me tendit la plume dont il venait de se servir.

Je la pris ; je la regardai, toute mouillée qu'elle était encore, puis, secouant la tête, je la lui rendis.

— Eh bien ?

— Non, lui dis-je, général, je n'écrirai pas avec votre plume ; ce serait une profanation.

Il sourit.

— Que vous êtes enfant ! dit-il. Tenez, en voilà une neuve.

— Merci.

J'écrivis. Le général me regarda faire.

À peine eus-je écrit mon nom, qu'il frappa dans ses deux mains.

— Nous sommes sauvés ! dit-il.

— Pourquoi cela ?

— Vous avez une belle écriture.

Je laissai tomber ma tête sur ma poitrine ; je n'avais plus la force de porter ma honte.

— Écoutez, me dit-il, je dîne aujourd'hui au Palais-Royal ; je dirai au duc d'Orléans qu'il faut qu'il vous prenne dans ses bureaux, vous fils d'un général républicain. »

Le lendemain, de bon matin, le général accueille Alexandre avec une figure riante :

« Notre affaire est faite !
Je le regardai tout abasourdi.

— Oui, vous entrez au secrétariat du duc d'Orléans, comme surnuméraire, à douze cents francs… Lundi prochain, si vous voulez… »

S'il veut ! Si jamais fou se sentit heureux de se voir accueilli parmi les ronds-de-cuir, ce fut bien, ce soir-là, l'auteur encore méconnu du *Major de Strasbourg* dont la tête fourmillait déjà de tant de spadassins, de favorites, de mousquetaires et de femmes fatales…

Le général devait mourir trois ans plus tard. Alexandre lui consacra, dit-il, « les premiers vers de moi qui vaillent d'être cités », l'*Ode au général Foy* :

> « *Chacun de nous se dit épouvanté :*
> *Encore une pierre qui tombe*
> *Du temple de la Liberté !…* »

On aime que ce ne fut pas quelque glorieux maréchal cousu d'or et rallié aux Bourbons qui ait ouvert les portes de Paris à notre Alexandre au regard bleu, mais ce bon, cet excellent, ce maigre général Foy qui portait en lui, déjà, les « Trois Glorieuses », la république de Lamartine, *Les Misérables*, peut-être aussi l'abbé Faria…

Alexandre est bel et bien dans Paris, sans caille cette fois, ni lièvre ni perdrix. Il lui reste maintenant à conquérir la ville. Et d'abord ses théâtres – son théâtre.

Chapitre II

Son champ de bataille : le théâtre à Paris dans les années 1820

Pour les enfants du paradis ✦ *Racine et Shakespeare* ✦
Sur scène, avec les Robba... ✦ *Alexandre en Don Ramire*
✦ *Flamberge au vent !* ✦ *Les conseils de Lassagne...* ✦
... ou l'airain de Corinthe ✦ *Derniers jours de Talma* ✦
L'ouragan shakespearien ✦ *Le baron Taylor*

En quelques mois, Dumas va prendre ses quartiers chez le duc d'Orléans, trouver un appartement où loger sa mère du côté du faubourg Saint-Denis, nouer une première liaison parisienne avec une robuste lingère, Laure Labay (qui lui donnera très vite un fils dont on entendra parler), embrocher d'un coup d'épée à la Porthos le premier drôle qui a osé se moquer de son accoutrement provincial, voir mourir le roi Louis XVIII, contribuer à fonder avec Adolphe et l'éditeur Setier une revue de poésie, *Psyché*, qui a publié de lui un hommage à la révolte grecque, écrire des élégies pour *l'Almanach dédié aux demoiselles*, et aussi trois « nouvelles contemporaines » qui trouveront trois lecteurs – pas un de moins – et prendre langue avec le premier seigneur du royaume, le duc d'Orléans.

Mais ce ne sont là que moulinets. Le cadet des forêts du Valois aux formes imposantes, au teint ambré, aux mains fines, aux boucles déjà un peu crépues, aux yeux d'orage bleu, s'élance à travers la capitale des Bourbons, l'épée haute, vers une citadelle multiple, idéale, le théâtre aux cent portes, les trente scènes parisiennes où s'amorce une révolution.

Un auteur encore inconnu l'annonce, cette révolution. Il s'appelle Henri Beyle mais vient de choisir un pseudonyme, Stendhal, pour publier son *Racine et Shakespeare*. Révolution ? C'est bien ainsi que l'on peut nommer le bouleversement – de *Bérénice* à *Othello* – qu'appelle M. Beyle, et dont notre Atlante du nord se fera, avec d'autres, le promoteur.

Cet homme, cet Alexandre Dumas dont le nom sonnera un demi-siècle plus tard comme celui du romancier français par excellence, celui de la fureur de lire, l'égal en cela de l'auteur des *Misérables*, n'a cure alors d'égarer ses lecteurs sur les falaises de Douvres ou les geôles de la Méditerranée. La scène est son espace naturel.

Dès avant l'exode parisien, du temps qu'il chassait le lapin et lutinait les filles dans son Valois natal, il a tâté du théâtre, monté une troupe, joué quelques mélodrames. Est-ce Adolphe de Leuven, dont le père se fait l'hôte du dramaturge Antoine Arnault, à Villers-Cotterêts, qui lui a inoculé cette fièvre ? N'est-ce pas plutôt une représentation de l'*Hamlet* de Ducis, à Soissons, qui aurait été comme le premier brandon allumant l'incendie ?

D'une certaine façon ; mais il saura bientôt mesurer ou éclairer cet enthousiasme, reconnaître où est l'origine de sa ferveur, retrouver Shakespeare à travers son pâle adaptateur : Ducis devait plus tard lui faire penser à ces chirurgiens spécialisés qui fournissaient l'Italie du XVIIIe siècle en jeunes gens à la voix très claire (« Ici, on perfectionne les jeunes garçons »). Comme le relève si bien Henri Clouard, il saura distinguer, du « drame hongre », le « drame étalon ». Mais, en attendant les grandes soirées shakespeariennes de 1827 à Paris, et ses propres essais dramatiques, il s'était initié sur place à l'action scénique.

Il n'a pas seulement écrit pour le théâtre, Alexandre, il a aussi joué, et dès l'enfance, avec une troupe, plutôt miteuse, installée à Villers-Cotterêts, qu'on appelait les « Robba ». Pour monter *Hariadan Barberousse* (!) de Saint-Victor et Corso, le metteur en scène avait fait appel aux adolescents de la ville. Seul le jeune Dumas osa prendre le risque, jouant Don Ramire « de façon ridicule », assure-t-il. N'importe. Il était monté sur les planches. Et brûlait d'y revenir.

Aux alentours de ses dix-huit ans, avec plusieurs amis de Villers-Cotterêts, garçons et filles, dont sa chère « Adèle[9] », et Louise Brézettte, Alexandre transformera en théâtre un « grenier » proche de l'Hôtel de l'Épée, au-dessus du local d'un menuisier qui fournissait les planches pour servir la scène et pour asseoir les spectateurs dans une décoration de verdure et de fleurs.

Metteur en scène, professeur de pose et de diction, guidant les intonations et les gestes, assure un journal du cru, « il disait les mots à souligner, enseignait les contractions de la face, la direction du regard, l'étendue du sourire », bref se livrait et livrait ses amis à une « étude constante de l'effet », – le faisant, reconnaît-il, sous la direction de la Ponce et de Leuven qui assuraient avoir appris cette technique à Paris. Les pages de ses *Mémoires* qui évoquent ces expériences sont d'une naïveté délicieuse.

Implanté à Paris, seul l'intéresse le contact avec le public et les acteurs, le face-à-face, la mêlée avec ces gens qui profèrent et écoutent ses mots, les bravos, les refus, la chaude complicité de la caverne théâtrale. D'Artagnan mettait l'épée au poing pour affronter les sbires du cardinal. Lui veut se confronter avec ce parterre bruissant, ces loges où s'agrippent, s'égosillent les

---

[9] De son vrai nom Aglaé.

bonnes gens. Murmurant, complices, hostiles, délirant : il veut se colleter avec ces gens qu'il aime, et qui vont l'aimer.

Le fils du général de la République voit d'abord les mots qu'il trace comme des armes, des projectiles. La cible en est confuse encore. La monarchie ? Il ne l'aime pas, mais va la servir, à sa façon. L'argent ? Le cléricalisme, le conservatisme, l'aristocratie ? Il n'épargnera rien, et ses « grands » feront s'esclaffer ou rugir le parterre. Mais son combat est d'abord de théâtre, pour la gloire.

Ce n'est pas qu'il néglige, pour s'affirmer, les moyens auxquels recouraient ceux qui deviendront plus tard ses héros d'élection, les mousquetaires. Il n'est pas depuis dix-huit mois à Paris qu'entrant à l'Estaminet hollandais, café-billard, les cheveux longs sur les épaules, vêtu d'un manteau « à la Quiroga[10] » très ample, qui signale alors les libéraux et dans lequel il se drape fièrement, il entend des ricanements, avise un des rieurs et le somme de s'expliquer, épée ou pistolet en main. Il se croit évidemment au théâtre. L'autre le prend au sérieux, et choisit l'épée : on se retrouvera à l'aube dans une carrière de Montmartre, sous la neige. Date ? Le 6 janvier 1825. Il a vingt-deux ans. Ouvrons les *Mémoires* :

« Le terrain choisi, les épées distribuées, il n'y avait pas de temps à perdre ; il faisait un froid horrible, et notre galerie de spectateurs s'accroissait de seconde en seconde. Je jetai bas mon habit et je me mis en garde.

Mais, alors, mon adversaire m'invita, outre mon habit, à mettre bas encore mon gilet et ma chemise. La demande me parut exorbitante ; mais comme il insistait, je piquai mon épée dans la neige, et je jetai mon gilet et ma chemise sur mon habit. Je ne voulus pas même garder une bretelle… Opération qui prit

---

[10] Dirigeant républicain espagnol.

une minute ou deux, pendant lesquelles mon épée resta fichée dans la neige…

L'épée ayant été l'arme choisie par mon adversaire, je m'attendais à avoir affaire à un homme d'une certaine force.

Je m'engageai donc avec précaution.

Mais, à mon grand étonnement, je vis un homme mal en garde, et découvert en tierce.

Il est vrai que cette mauvaise garde pouvait n'être qu'une feinte pour que je m'abandonnasse de mon côté et qu'il profitât de mon imprudence. Je fis un pas en arrière et, abaissant mon épée :

— Allons, monsieur, lui dis-je, couvrez-vous donc !

— Et s'il me convient, à moi, de ne pas me couvrir ?

J'attaquai l'épée en quarte, et, sans me fendre, pour tâter mon homme, j'allongeai un simple dégagement en tierce. Il fit un bond en arrière, et tomba à la renverse.

La pointe de mon épée avait pénétré dans l'épaule et, la neige en ayant glacé le fer, la sensation en avait été telle que mon adversaire, si légèrement qu'il fût blessé, était tombé. Par bonheur, je ne m'étais pas fendu ; sans quoi, je l'embrochais de part en part.

Le pauvre garçon n'avait jamais tenu une épée. »

Bon pour le théâtre. Bon pour l'invention dramatique. Il n'y a plus qu'à bondir sur la scène, assuré que l'action, le geste, l'outrance, le froid pris pour le feu et le feu amenant l'action, on touchera, non à l'épaule, mais au cœur. Alexandre, en garde…

Lui faut-il tout de même d'autres leçons que celle d'un duel dans la neige, quelques poèmes pour un héros grec disparu, quelques vaudevilles griffonnés avec son ami Leuven sous les arbres de Villers-Cotterêts ? Certains avis lui seront bons. Chose étrange, ils lui seront donnés dans ce bureau des Orléans d'où il pensait ne tirer, en bâillant, que ses fins de mois.

Non loin de lui est assis, dans le bureau du Palais-Royal où l'on gère la fortune des Orléans, un garçon de bonne mine, dont Alexandre a vite compris qu'il n'est là qu'en attente de littérature. Il s'appelle Lassagne, ou mieux Espérance-Hippolyte Lassagne. Il collabore à quelques journaux, *Le drapeau blanc*, *La Foudre*, et va jouer auprès de lui, après Adolphe de Leuven et Amédée de la Ponce[11], le rôle du troisième éclaireur.

Alexandre lui a dit sa joie, sa fierté même d'être l'ami d'Adolphe, et par là de Lucien Arnault, fils d'un dramaturge alors très admiré, Antoine Arnault, l'un des auteurs familiers de Talma. Lassagne a fait la moue, puis donné à entendre au nouveau venu que, de Casimir Delavigne à Népomucène Lemercier, à Legouvé, à Ancelot, tout ce monde est « déjà vieux sans jamais avoir été ancien » – bibelots chus de l'Empire mort… Il lui faut inventer la vie à travers l'histoire mais non plus comme déchets d'histoire, comme source de vie. Il faut retrouver, fût-ce à travers l'antique, le souffle de l'histoire qui va. Et Lassagne a cette image superbe :

« Ne faites ni comédie ni tragédie, ni drame ; prenez les passions, les événements, les caractères ; fondez tout cela au moule de votre imagination, et faites des statues d'airain de Corinthe.

— Qu'est-ce que cela ?

— Avez-vous entendu dire que Mummius eût un jour brûlé Corinthe ?

— Oui ; je crois avoir traduit cela un jour quelque part, dans le *De Viris*[12].

— Vous avez dû voir, alors, qu'à l'ardeur de l'incendie, l'or, l'argent et l'airain avaient fondu, et coulaient à ruisseaux par les

---

[11] Voir chapitre v.
[12] *De Viris illustribus urbis Romae*, dans lequel les jeunes gens apprenaient l'histoire romaine.

rues. Or, le mélange de ces trois métaux, les plus précieux de tous, fit un seul métal ; ce métal, on l'appela l'airain de Corinthe. Eh bien, celui qui fera, dans son génie, pour la comédie, la tragédie et le drame, ce que, sans le savoir, dans son ignorance, dans sa brutalité, dans sa barbarie, Mummius a fait pour l'or, l'argent et le bronze ; celui qui fondra à la flamme de l'inspiration, et qui fondra dans un seul moule Eschyle, Shakespeare et Molière, celui-là, mon cher ami, aura trouvé un airain aussi précieux que l'airain de Corinthe.

— C'est très beau, ce que vous me dites là, Monsieur, répondis-je ; et, comme c'est beau, ce doit être vrai.

— Mais connaissez-vous Eschyle ?

— Non.

— Connaissez-vous Shakespeare ?

— Non.

— Connaissez-vous Molière ?

— À peine.

— Eh bien, lisez tout ce qu'ont écrit ces trois hommes ; quand vous les aurez lus, relisez-les ; quand vous les aurez relus, apprenez-les par cœur. »

Espérance-Hippolyte Lassagne ne s'en tient pas là :

« Et l'histoire, mon cher, l'histoire, faites-en l'un des ingrédients de votre airain de Corinthe...

— Mais l'histoire de France est si ennuyeuse...

— Ennuyeuse ! Lisez Joinville, Froissart, Juvénal des Ursins, Montluc, l'Estoile... Lisez Retz et Saint-Simon ! »

Qu'Alexandre Dumas se soit plongé aussitôt dans Joinville et dans Retz ou dans le journal de l'Estoile, on n'en jurerait pas. Et ce ne sont pas ses premières ébauches théâtrales, les vaudevilles auxquels il s'applique alors, de conserve avec son ami Adolphe, qui incitent à le croire. Lassagne pourra néanmoins se vanter bientôt de n'avoir pas admonesté en vain le grand garçon venu de Villers-Cotterêts pour conquérir le théâtre, et Paris…

Mais c'est quoi, le théâtre à Paris, vers 1825, quand s'ouvre le règne de Charles X, deux ans après la publication foudroyante du *Mémorial de Sainte-Hélène* de Las Cases, qui a ravivé d'un coup et le sens du merveilleux et un certain orgueil national, non sans donner à la restauration monarchique ce qu'on est convenu d'appeler « un coup de vieux » ?

Le « théâtre à Paris », que Dumas s'apprête à prendre d'assaut, c'est une trentaine de salles, dont seuls le Théâtre-Français, l'Odéon et la Porte-Saint-Martin disposent de troupes régulières. Au Gymnase, au Vaudeville comme à l'Ambigu-Comique, on prend les acteurs que l'on trouve. Salles pour la plupart vétustes, étriquées, « à l'italienne », où le public populaire domine de haut la scène et le parterre – le public des *Enfants du Paradis*.

Une vingtaine d'auteurs fournissent ces théâtres, bien répartis entre les tenants d'une tragédie à l'antique, qui se voudrait racinienne et tient plutôt du vieux Voltaire et de Campistron : Népomucène Lemercier, les deux Arnault, de Jouy, Casimir Delavigne, Legouvé, et dont la gloire est soutenue par des tragédiens magnifiques : Talma, Mlle Mars, Mlle George, parfois encore Mlle Duchesnois.

À vrai dire, ce théâtre-là ne tient plus que par ses interprètes : « Comment expliquez-vous le succès d'Arnault, de Jouy, que vous trouvez si médiocres ? » demande Alexandre à Lassagne. « Parce qu'ils sont joués par Mars et Talma. Retirez ces interprètes de l'affiche et les auteurs ne tiendront pas dix soirées… »

Mais voici précisément qu'à la fin de 1826, Talma se meurt. Adolphe et Alexandre, mis en alerte, vont lui rendre visite. Ils le trouvent encore au bain, travaillant le rôle de *Tibère* que Lucien Arnault vient d'écrire pour lui et dans lequel il compte, guéri, faire sa rentrée. Condamné par une maladie d'estomac à mourir de faim, Talma est terriblement amaigri, mais dans cette épreuve même il trouve motif à satisfaction et l'espérance d'un triomphe :

« Hein ! mes enfants, leur dit-il en tirant à deux mains ses joues pendantes, comme cela va être beau pour jouer le vieux Tibère ! »

Acteur suprême que celui qui fait, de sa souffrance et de sa mort, les instruments de son art, tel Beethoven de la surdité qui lui permet les audaces des derniers quatuors… Quinze jours plus tard, Talma est porté en terre.

La fin de Talma est l'un des signes avant-coureurs de la révolution qui couve dans le monde théâtral parisien. Avec le grand tragédien de *Sylla* disparaît cet étrange théâtre en quelque sorte surgelé, qui n'a survécu à son désarroi que par le génie de quelques interprètes. Cette mort sera celle de ce théâtre post-classique, nourri de thèmes grecs et de versions latines, où se font entendre des échos lointains de *Cinna* et de *Mithridate*, quand ce n'est pas de l'*Irène* qui a marqué les adieux de Voltaire. Théâtre de simulation qu'a beaucoup servi la dynamique du personnage de Napoléon, fort attaché à ce théâtre de formes vides, qui lui permettait d'apparaître comme la vérité vivante derrière les oripeaux.

Du fait de la mort de Talma, fantôme de l'Empire, d'un empire qui nouait entre eux le vieil Horace et la garde impériale, un art dévoila sa vacuité. De grandes artistes lui survivent, Mars, George, qui feront la transition entre les imprécations de Camille et les débordements de Marguerite de Bourgogne. Mais une page de l'histoire du théâtre se tourne au moment où surgit Dumas l'anthropophage, le conquérant. Et deux autres facteurs y contribuent puissamment : les représentations données en 1827 à Paris par des comédiens anglais venus interpréter Shakespeare, et la désignation à la tête de la Comédie-Française d'un homme jeune, hardi, cultivé, le baron Taylor.

Signe du temps : en 1822, une troupe anglaise était venue jouer Shakespeare à Paris. Elle avait été accueillie avec une révoltante grossièreté. Instruits par Voltaire que cet auteur élisabéthain était un barbare, un extravagant, les intelligents amateurs de Casimir Delavigne et de Népomucène Lemercier avaient hué, sifflé ce théâtre sauvage. On parla même de trognons de choux ou d'oranges pourries lancés aux comédiens anglais – à l'époque où Mlle George faisait applaudir *Mérope* et *Semiramis* (du même Voltaire) sur une scène de Londres…

Cinq ans plus tard, bien des choses ont changé. Si le *Mémorial de Sainte-Hélène* n'a pas embelli l'image que l'on pouvait se faire du pouvoir anglais, la jeunesse de ce temps est plus touchée encore par la mort de Lord Byron à Missolonghi que par celle de Napoléon dans son île africaine. Et les premières vagues du romantisme ont déferlé, bouleversant formes et couleurs, libérant les passions. Paris est enfin prête à accueillir Shakespeare, par qui la scène française va être exaltée.

La troupe anglaise de 1827 était prestigieuse : Kemble, Harriet Smithson, Kean… Elle s'installa à l'Odéon, dont le cadre lui plut. On s'arracha les billets. Les visiteurs jouaient naturellement dans leur langue, que personne alors ne parlait à Paris : mais aidé d'une honnête traduction de Guizot, le public s'enflamma pour *Hamlet*, que jouait superbement son meilleur interprète de l'époque, Kemble (Kean était plus grand en Richard III, ou en Macbeth). Quant à Harriet Smithson, elle fut si envoûtante, en Ophélie, qu'Hector Berlioz, sortant comme fou du théâtre, errant toute la nuit à travers Paris, lui voua d'un coup sa vie – non sans mal pour l'un comme pour l'autre…

« Foudroyés » se dirent aussi Hugo, Vigny, Delacroix, Nerval et tous ceux pour qui l'art était alors un « orage désiré ». Et bien sûr le jeune homme accouru de Villers-Cotterêts :

« Je savais si bien mon *Hamlet*, que je n'avais pas eu besoin d'acheter le libretto ; je pouvais suivre l'acteur, traduisant les mots au fur et à mesure qu'il les disait.

J'avoue que l'impression dépassa de beaucoup mon attente : Kemble était merveilleux dans le rôle d'Hamlet ; miss Smithson adorable dans celui d'Ophélie.

La scène de la plate-forme, la scène de l'éventail, la scène des deux portraits, la scène de folie, la scène du cimetière, me bouleversèrent. À partir de cette heure, seulement, j'avais une idée du théâtre, et, de tous ces débris des choses passées, que la secousse reçue venait de faire dans mon esprit, je comprenais la possibilité de construire un monde.

"Et, sur tout ce chaos, dit la Bible, flottait l'esprit du Seigneur."

C'était la première fois que je voyais au théâtre des passions réelles, animant des hommes et des femmes en chair et en os.

Je compris, alors, ces plaintes de Talma à chaque nouveau rôle qu'il créait ; je compris cette aspiration éternelle vers une littérature qui lui donnât la faculté d'être homme en même temps que héros ; je compris son désespoir de mourir sans avoir pu mettre au jour cette part de génie qui mourait inconnue en lui et avec lui. »

Le théâtre français qui vient d'être soulevé par un vent si neuf, si violent, venu d'au-delà de la mer et des siècles, va trouver les jeunes auteurs aspirés dans la tornade, et les animateurs dignes de ce nom, capables de transformer cet enthousiasme en énergie créatrice, de canaliser ce torrent de mots.

Chapitre III

De pièces et de morceaux

Un monde à part ✦ *Au galop !* ✦ *En quête de sujets…* ✦
Et de partenaires ✦ *Un nommé Rousseau*
✦ *Le lièvre et le lapin* ✦ *De l'Ambigu-Comique*
à la Porte-Saint-Martin ✦ *L'apostrophe à M. Oudard* ✦
« Je ne signerai qu'une œuvre véritable ! »

Le théâtre est-il, mieux qu'un genre, une île ? Le choix de faire parler, combattre, aimer, des êtres sur une scène, par le truchement d'acteurs, face à un public mouvant et bruyant – vivant –, cette permanente confrontation sonore et physique entre un texte, des interprètes et un public est-elle le fait d'un art spécifique, d'un quartier réservé de la « littérature », aussi différent du recueil poétique ou du roman que la peinture de la musique ?

Peut-on dire que d'*Œdipe-roi* à *Feu la mère de Madame*, des *Fourberies de Scapin* à *L'Annonce faite à Marie*, il y a plus de connexions profondes, structurelles, qu'entre *La Nuit de mai* et *Les Caprices de Marianne* ?

On est libre bien sûr d'en débattre, retenant au passage que la coquille théâtrale, la cellule sociale que constituent scène et coulisses, costumes et générales, sifflets et souffleur, est créatrice d'un style collectif, d'une musique propre, loin de l'isolement du poète et du romancier – que ne rompt tout à fait ni l'opération d'éditer, ni le lancement des livres – les prix littéraires et leurs pompes s'efforçant d'insuffler un peu de théâtralité dans le foisonnement innombrable et confus des livres.

Alexandre Dumas le croyait, qui choisit d'emblée le théâtre pour champ de bataille, pour Bastille à prendre. Dût-il, après vingt ans de combats permanents sur la scène, après l'échec de son *Théâtre Historique* de la fin des années 1840, choisir une autre voie. Non sans faire encore jouer, presque octogénaire, sur la scène de l'Odéon, un *Joseph Balsamo* (qui devait, à vrai dire, beaucoup à son fils).

Le Dumas-sur-scène, prenons-le comme un bloc dont les faces les plus brillantes seront probablement *Antony* et *La Tour de Nesle*, un bloc incohérent qui mêle le plus trivial à l'héroïque, mais qui a un sens, un objectif : la conquête de Paris. De la pochade dérisoire qu'est *La Chasse et l'amour* aux réelles beautés de *Christine* et au dernier acte d'*Henri III et sa cour*, on sent passer un souffle créateur unique. Et l'on voit se manifester un individu vorace et généreux, fruste et disponible, et toujours au galop.

On dirait, à le voir se jeter ainsi sur la scène, et la conquérir dans le bruit et la fureur, l'un de ces stratèges d'autrefois qui lançaient en avant leur cavalerie d'assaut (cuirassiers, dragons…) avant de faire exploiter par leur infanterie le terrain ainsi gagné. Son infanterie à lui, ce sera le roman…

L'idée que Dumas se faisait du théâtre n'était pas moins noble que celle que le général, son père, se faisait de la guerre – encore qu'un peu plus égoïste. Mais s'il se voulut d'emblée héroïque, il comprit aussi que le héros doit savoir, pour gagner les sommets, ramper ou se faufiler. Avant Rocroy, le Grand Condé s'était répandu dans les ruelles, et le Bonaparte de Brienne n'était pas tout à fait celui de Rivoli, même s'il y préparait son triomphe.

Bref, Alexandre Dumas ne prétendit pas amorcer sa conquête du théâtre parisien par *Le Cid* ou *Andromaque*. Il pensa, en accord avec son ami Adolphe, que l'important était d'abord de se faire jouer, d'entendre son texte porté par la voix d'un acteur, de pénétrer ce monde du mensonge merveilleux où la petite Marie devient Bérénice ou la môme Crevette, où le petit Jacques se mue d'un coup en Titus ou en Scapin, où guettent, dans l'ombre, quelques douzaines de citoyens qui ont payé le droit de siffler ou d'acclamer. Il commença donc par le vaudeville.

Mais ce qui distingue, semble-t-il, ce théâtre parisien au temps du pré-romantisme des derniers temps de Talma à l'avènement de Frédérick Lemaître, c'est le caractère collectif que prend alors la création, et ce jusque chez les seigneurs du temps : il serait intéressant de connaître la part réelle prise par Casimir Delavigne dans l'élaboration de sa pièce, *Les Enfants d'Édouard*.

On a vu, à l'origine de la vocation dramatique du fils du général Dumas, se manifester Adolphe de Leuven, qui s'essaie bien en poésie, mais se présente d'emblée comme le commensal d'Antoine Arnault et l'ami de son fils Lucien, ceux qui lui ont ouvert les portes de Talma. Les premiers essais communs d'Alexandre et d'Adolphe en tout cas ont trait au théâtre : *Le Major de Strasbourg*, *Le Dîner d'amis*, *Les Abencérages*…

Mais ce qui est frappant, en l'affaire, ce n'est pas que deux amis aient uni leurs élans inventifs, c'est qu'installés tous deux à Paris à partir de 1823, ils aient cherché d'emblée à s'associer à un autre auteur. Ils le feront longtemps, comme beaucoup le faisaient à l'époque, se partageant idées et rédaction, « gags » et coups de théâtre, bons mots, couplets et dénouement : à toi

l'entrée en scène de Pierrot, à moi le suicide de Lucinde…
Théâtre vu comme une entreprise collective, comme le tableau
d'atelier autour du maître, comme un film à Hollywood : scéna-
riste, dialoguiste, « gagman »…

Ainsi, quand Alexandre et Adolphe croient avoir trouvé un
sujet se mettent-ils à la recherche d'un auteur établi – disons
plutôt chevronné, déjà joué en tout cas. Ils jettent leur dévolu
sur un certain James Rousseau, vieux routier des théâtres de
boulevard et qui a déjà une demi-douzaine de succès – et autant
de « pannes » – à son actif. C'est un homme dont la signature
implique que la pièce sera au moins mise en lecture. On fera
part à trois, pour le travail comme pour la recette…

Les *Mémoires* d'Alexandre sont ici d'une savoureuse naïveté.
Dumas et de Leuven ont invité Rousseau :

« Nous lui confiâmes nos trésors : deux mélodrames et trois
vaudevilles, et nous nous donnâmes rendez-vous pour dîner – au
champagne – chez Adolphe le jeudi suivant.

Rousseau n'eut garde de manquer.

Rien de nous ne lui avait plu : ni mélodrames ni vaudevilles.
Les mélodrames étaient tirés de romans trop connus, les autres
faits sur des idées qui traînaient partout… Au dessert, je racon-
tai plusieurs histoires, et, entre autres, une histoire de chasse.

— Comment, s'écria Rousseau, vous nous racontez de belles
histoires comme celle-là, et vous vous amusez à emprunter des
mélodrames à Florian, et des contes à M. Bouilly ! Mais il y a,
dans l'histoire que vous venez de nous raconter, un vaudeville
intitulé : *La Chasse et l'amour*… Si nous le faisions ?

Au bout d'un quart d'heure les bouteilles étaient bues ; au
bout d'une heure, le plan était fait.

Nous partageâmes en trois parties les vingt et une scènes qui,
je crois, composent l'ouvrage. Chacun en eut sept : moi les sept

de l'exposition, de Leuven les sept du milieu, Rousseau les sept du dénouement.

Puis on prit rendez-vous à la huitaine pour dîner et lire la pièce.

Le lendemain au soir, mes sept scènes étaient écrites.

Au jour dit, nous nous réunîmes. J'avais fait ma besogne, Adolphe avait fait la sienne ; Rousseau n'avait pas écrit un mot... Rousseau, alors, nous déclara qu'il avait l'habitude de travailler en séance et que, seul, les idées ne lui venaient pas, il ne pouvait rien faire.

Il fut convenu que la soirée du jour serait consacrée à revoir ma part et celle d'Adolphe, et que la journée du lendemain la part de Rousseau devrait être faite.

On lut ma part ; elle eut le plus grand succès ; un couplet surtout émerveilla Rousseau :

> *La terreur de la perdrix*
> *Et l'effroi de la bécasse,*
> *Pour mon adresse à la chasse,*
> *On me cite dans Paris.*
> *Dangereux comme la bombe,*
> *Sous mes coups rien qui ne tombe,*
> *Le cerf comme la colombe.*
> *À ma seule vue, enfin,*
> *Tout le gibier a la fièvre ;*
> *Car, pour mettre à bas un lièvre,*
> *Je suis un fameux lapin ! »*

(Nous en déduirons que ce Rousseau avait l'émerveillement facile...)

La pièce écrite – si l'on peut dire – il fallait trouver le théâtre. Rousseau choisit le Gymnase, où il avait été joué. Il avait été

71

décidé que deux des auteurs seulement présenteraient la pièce
et seraient nommés : Alexandre céda de grand cœur l'honneur à
Leuven, ne voulant dit-il « jeter son nom à la publicité qu'à propos d'une œuvre importante » :

> « Tout dépend en ce monde de la façon dont on débute, et
> débuter par *La Chasse et l'amour* ne me paraissait un début
> digne ni de mes espérances ni de mon orgueil.
>
> Or, quoique mes espérances eussent bien diminué depuis
> deux ans, mon orgueil était encore fort raisonnable. »

Le mot « raisonnable », ici, prend une étrange sonorité… Le
fait est que *La Chasse et l'amour* fut « refusée par acclamation »,
écrit joliment Dumas. Il n'y eut qu'un cri : proposer une pareille
chose à un théâtre, le Gymnase, auquel on donnait le titre aris-
tocratique de « *théâtre de Madame* » était indécent, notamment
le couplet du « fameux lapin ».

Mais quoi ? Il y avait d'autres théâtres à Paris… Le directeur de
l'Ambigu, ami de Rousseau, proposa une lecture pour le samedi
suivant. Dans ses *Mémoires*, Alexandre, qui ne craint jamais de
forcer la note, assure qu'il vit en cette épreuve « une affaire de
vie ou de mort », tant sa mère et lui voyaient venir la fin de leurs
ressources. C'est dans son bureau du Palais-Royal que le surpren-
nent les deux autres responsables du chef-d'œuvre commun :

> « Reçus ? m'écriai-je.
> — Par acclamation, mon cher, dit Rousseau.
> — Et le fameux couplet du lièvre ?
> — Bissé !

Ô faiblesse des jugements humains ! Ce qui révoltait au Gymnase ravissait à l'Ambigu… Il y avait lièvre et lièvre, boulevard
et boulevard.

Je m'informai des droits d'auteur d'un vaudeville à l'Ambigu.

Il y avait douze francs de droits d'auteur, et six places dans la salle.

C'était, chacun, quatre francs par soirée, plus deux places.

Ces deux places étaient estimées quarante sous.

Le résultat de mes débuts dramatiques serait donc de me produire six francs tous les jours... C'étaient mes appointements, plus une moitié...

Huit jours après, Rousseau fut appelé pour lire aux acteurs. Ce fut un jour de joie suprême... »

Qu'il est charmant, notre Alexandre de vingt-trois ans, avec sa « joie suprême » à propos de son lièvre et de son lapin, de ses six francs par jour... Quel naturel ! Quelle modestie dans l'orgueil... Ne dirait-on pas d'Artagnan chez les Bonacieux ?

Et comme Rousseau lui a fait connaître un certain Porcher qui rachète d'avance les places mises à la disposition des auteurs en guise d'honoraires, le voici qui empoche cinquante francs sur les places où s'assiéront bientôt à l'Ambigu quelques bourgeois, qu'ils aient ou non du goût pour les lièvres et les lapins !

« J'ai éprouvé, note-t-il, peu de sensations aussi délicieuses que le contact de ce premier argent gagné avec ma plume ; jusque-là, celui que j'avais touché n'avait été gagné qu'avec mon écriture. »

Le fait est que *La Chasse et l'amour* fut jouée le 22 septembre 1823 « comme pièce de circonstance » (écrit Dumas, pensant peut-être à l'ouverture de la chasse, qui coïncidait à peu près avec la première apparition du « fameux lapin »).

Dumas la présente comme « un grand succès », et croit bon d'ajouter qu'il a oublié le nom des acteurs (ce qui est assez significatif, s'agissant de ce monstre de mémoire) – ajoutant :

« J'aurais certainement oublié le titre de la pièce comme le nom des acteurs, si je ne voulais pas marquer le point de départ des cent drames que je ferai probablement, le point de départ des six cents volumes que j'ai faits. »

Si, toujours en quête de gloire ou du moins de présence théâtrale, Alexandre Dumas s'abouche alors avec d'autres compères qu'Adolphe et Rousseau qui, après tout, lui ont mis le vent en poupe, fût-ce sur ce vilain rafiot, ce n'est pas tant parce que cette première aventure collective l'a dégoûté – ne l'a-t-elle pas fait entrer dans le cercle enchanté ? –, c'est parce que son judicieux voisin du Palais-Royal, Espérance Lassagne, l'exigeant inventeur de l'« airain de Corinthe », lui fait la grâce de lui offrir son concours. Cet homme de culture était-il trop épouvanté par *La Chasse et l'amour* pour ne pas tenter de sauver un bon jeune homme en perdition ?

Le fait est qu'à l'incitation de Lassagne, qui s'offre donc à faire équipe avec lui, Alexandre se met fiévreusement en quête d'un sujet :

« C'était dans *Les Mille et Une Nuits*, un épisode des voyages de Sindbad le marin, je crois.

Je dis : "je crois", car je n'en suis pas bien sûr, et la chose ne vaut véritablement pas la peine que je me dérange de mon bureau pour m'en assurer. Sindbad, l'infatigable voyageur, arrive dans un pays où l'on enterre les femmes avec les maris, et les maris avec les femmes. Il épouse imprudemment ; sa femme meurt, et il manque d'être enterré avec elle. Peu importe.

En somme, l'épisode m'avait fourni une espèce de plan que j'apportai à Lassagne, qui le lut, et, devenu plus bienveillant encore, s'il était possible, qu'il ne l'avait été d'abord à la vue des efforts que je faisais pour arriver, trouva le plan suffisant, sauf quelques corrections qu'il se chargeait d'y faire.

En vertu de quoi, il l'avait communiqué à un garçon d'esprit, son ami, qui devint le mien plus tard, Vulpian.

Nous nous réunîmes deux ou trois fois ; nous nous partageâmes la besogne… On souda les trois tronçons, et le serpent parut avoir une espèce d'existence. Lassagne se chargea de repolir l'œuvre ; ce fut l'affaire de trois ou quatre jours. »

Après quoi, les trois auteurs, l'ayant trouvée parfaite, résolurent qu'elle serait lue, sous le titre de *La Noce et l'enterrement*, au Vaudeville – où elle subit un refus presque aussi éclatant que l'avait été, au Gymnase, celui de *La Chasse et l'amour*.

Catastrophe ? Négligeable, comparée à celle qui s'annonce : Lassagne prévient Alexandre que leur commun chef de bureau, un certain Oudard, l'avait convoqué pour lui signifier que s'ils continuaient à se mêler de théâtre, Dumas et lui seraient priés de quitter les bureaux du duc d'Orléans. La ruine, ou les aléas, déjà manifestes, du théâtre ? Ou les deux ? La scène qui en résulta vaut bien tous les vaudevilles et mélodrames qu'avait alors en tête notre mousquetaire. De la mise en demeure de ce M. Oudard, il retire « une impression si poignante » qu'elle lui donne le courage d'affronter le cerbère :

« J'entrai dans son cabinet, les larmes dans les yeux, mais la voix calme.

— Est-il vrai, monsieur, lui demandai-je, que vous ayez défendu à Lassagne de travailler avec moi ?

— Oui, me répondit-il. Pourquoi me demandez-vous cela ?

— Parce que je ne pouvais croire que vous eussiez eu ce courage, celui de condamner trois personnes[13] à vivre avec cent vingt-cinq francs par mois.

---

[13] Pourquoi trois ? Fait-il allusion à son fils, né deux ans plus tôt ? La mère, Laure Labay, assume les frais de l'existence du jeune Alexandre…

— Il me semble que vous êtes bien heureux de ces cent vingt-cinq francs par mois que vous méprisez.

— Je ne les méprise pas, monsieur ; je suis très reconnaissant, au contraire, à celui qui me les donne ; seulement, je dis qu'ils sont insuffisants, et que je croyais avoir le droit d'y ajouter quelque chose, du moment où mon travail extérieur ne prenait pas sur mon travail de bureau.

— Il ne prend pas aujourd'hui sur votre travail de bureau, mais il y prendra demain.

— Demain, alors, il sera temps de vous en inquiéter… Je croyais qu'ici on avait des prétentions à protéger la littérature ?

— Appelez-vous de la littérature *La Chasse et l'amour* et *La Noce et l'enterrement* ?

— Non, monsieur, bien certainement. Aussi, mon nom n'a pas été mis sur l'affiche de l'Ambigu, où a été joué *La Chasse et l'amour*, et ne sera pas mis sur l'affiche du théâtre, quel qu'il soit, qui jouera *La Noce et l'enterrement*.

— Mais, si vous ne jugez pas ces ouvrages dignes de vous, pourquoi les faites-vous ?

— D'abord, monsieur, parce que, dans ce moment-ci, je ne me crois pas assez fort pour en faire d'autres, et que, tels qu'ils sont, ils apportent un soulagement à notre misère… oui, monsieur, à notre misère, je ne recule pas devant le mot.

— Vous voulez donc absolument faire de la littérature ?

— Oui, monsieur, et par vocation et par nécessité, je le veux.

— Eh bien, faites de la littérature comme Casimir Delavigne, et, au lieu de vous blâmer, nous vous encouragerons.

— Monsieur, répondis-je, je n'ai point l'âge de M. Casimir Delavigne, poète lauréat de 1811 : je n'ai pas reçu l'éducation de M. Casimir Delavigne, qui a été élevé dans un des meilleurs collèges de Paris. Non, j'ai vingt-deux ans ; mon éducation, je la fais tous les jours, aux dépens de ma santé peut-être, car tout ce que j'apprends – et j'apprends beaucoup de choses, je vous jure –, je l'apprends aux heures où les autres s'amusent ou dorment. Je ne puis donc faire dans ce moment-ci ce que fait M. Casimir Delavigne. Mais, enfin, monsieur Oudard, écoutez bien ce que je vais vous dire, dût ce que je vais vous dire vous paraître bien étrange : si je croyais ne pas faire dans l'avenir autre chose que ce que fait M. Casimir Delavigne, eh bien, monsieur, j'irais au-devant de vos désirs, et, à l'instant même, je vous offrirais la promesse sacrée, le serment solennel de ne plus faire de littérature.

Oudard me regarda avec des yeux atones ; mon orgueil venait de le foudroyer.

Je le saluai et je sortis.

Cinq minutes après, il descendait chez M. Deviolaine[14] pour lui raconter à quel acte de démence je venais de me livrer.

— Je préviendrai sa mère, dit M. Deviolaine, et, s'il continue à être possédé de cette fièvre, envoyez-le moi, je le prendrai dans mes bureaux, et je veillerai à ce qu'il ne devienne pas tout à fait fou.

En effet, le soir même, ma mère fut avertie de ce qui s'était passé, le matin, entre Oudard et moi. Je la trouvai tout en larmes. Le lendemain, le blasphème dont je m'étais rendu coupable la veille courait les bureaux. Les soixante-trois employés de Son Altesse royale ne s'abordaient qu'en se disant :

— Savez-vous ce que Dumas a dit hier à M. Oudard ?

Et l'histoire était racontée avec des corrections, des embellissements, des augmentations qui faisaient le plus grand honneur à l'imagination de mes collègues.

Pendant toute une journée, et même pendant les jours suivants, un rire homérique fut entendu dans les corridors de la maison de la rue Saint-Honoré, n°216.

---

[14] Cousin querelleur mais protecteur intermittent d'Alexandre.

Un seul employé de la comptabilité, entré de la veille, et que personne ne connaissait encore, resta sérieux.

— Eh bien, lui dirent les autres, vous ne riez pas ?

— Non.

— Et pourquoi ne riez-vous pas ?

— Parce que je ne trouve pas qu'il y ait de quoi rire.

— Comment ! Il n'y a pas de quoi rire d'entendre Dumas dire qu'il fera mieux que Casimir Delavigne ?

— Il n'a pas dit qu'il ferait mieux, il a dit qu'il ferait autre chose.

— C'est tout comme...

— Non, c'est bien différent.

— Mais connaissez-vous Dumas ?

— Oui, et c'est parce que je le connais que je vous réponds qu'il fera quelque chose, je ne sais pas quoi, mais je vous réponds que ce quelque chose étonnera tout le monde, excepté moi.

Cet employé qui venait d'entrer, depuis la veille, à la comptabilité, c'était mon ancien maître d'allemand et d'italien, Amédée de la Ponce.

Il y avait donc, sur soixante et douze personnes, chefs et employés, composant l'administration de Son Altesse royale, deux personnes qui ne désespéraient pas de moi : c'était Lassagne et lui. »

Alors commence une guerre de harcèlement, chuchotée ou sonore, que soutient d'autant mieux Alexandre que huit jours plus tard, Vulpian vient leur annoncer, à Lassagne et à lui, que leur pièce a été reçue au théâtre de la Porte-Saint-Martin, le troisième théâtre de Paris – après le Théâtre-Français et l'Odéon...

« Je me rapprochais du Théâtre-Français tout doucement. Mais je n'avais pas appris l'italien pour ignorer le proverbe : *Chi va piano va sano.*

Les droits d'auteur aussi étaient augmentés.

Un vaudeville, au théâtre de la Porte-Saint-Martin, était payé dix-huit francs, et emportait pour douze francs de billets.

C'étaient donc huit francs par soirée, au lieu de six, qui allaient me revenir – juste le double, cette fois, de ce que me rapportait mon bureau.

La Noce et l'enterrement fut joué le 21 novembre 1826.

Je vis jouer mon œuvre de l'orchestre, où j'étais avec ma mère. Comme on ne devait pas me nommer, et comme j'étais parfaitement inconnu, je ne trouvais aucun inconvénient à me donner la satisfaction d'assister au spectacle.

La pièce réussit parfaitement ; mais, de peur que mon succès ne m'enivrât, de même qu'au triomphe des empereurs romains un esclave criait : "César, souviens-toi que tu dois mourir !" de même, la Providence avait mis à ma gauche un voisin qui, la toile tombée, se leva en disant :

— Allons, allons, ce n'est pas encore là ce qui soutiendra le théâtre.

Il avait raison, mon voisin, et il s'y connaissait d'autant mieux que c'était un confrère. »

Ainsi, ce 7 novembre 1826, quatre ans environ après son entrée dans Paris sur un demi-cheval, les bras chargés de cailles et de perdrix – le lapin n'est venu que plus tard – Alexandre, fils du général Dumas, conquérant du Tyrol, a pris pied sur la scène parisienne, une grande scène.

Non, son œuvre n'est pas encore de celles qui « soutiennent le théâtre », ni même qui le libèrent de Casimir Delavigne. Il ne s'agit encore que de brouillons mal relus, de « bouts rimés » avec des copains. Mais on admire que, à propos de ces ouvrages mineurs, il ait tenu à ce que son nom ne soit pas cité (« j'étais bien décidé à ne signer qu'une œuvre appelée à un grand retentissement »), se contentant de celui de Davy qui est celui du noble grand-père – beau pied de nez à l'aristocratie formelle. Il aura donné à ses œuvres mineures la signature du marquis, réservant, pour les majeures, le nom de l'esclave Cessette Dumas, sa grand-mère…

Quand sa mère, quelques années plus tôt, lui a demandé s'il comptait reprendre le nom de son grand-père, Davy de La Pailleterie, ou garder celui de son père, il n'a pas hésité : « Je choisis le nom du héros plutôt que celui du marquis. »

Le fait est que, dans la semi-clandestinité, l'improvisation, le copinage, il a accédé à l'univers enchanté du théâtre. Après tout, Bonaparte n'est pas entré dans l'histoire sur le pont d'Arcole, mais par la cynique fusillade du 13 vendémiaire. Le « *chi va piano va sano* » d'Alexandre peut prêter à rire… Mais l'outil est en mains, les compagnons sont prêts, un métier appris et, surtout, un milieu conquis. Après tout, l'auteur du « fameux lapin » est aussi celui de l'honorable *Ode au général Foy*… Il lui faut trouver un sujet.

Il croit le tenir d'abord en lisant, tant bien que mal, en vue d'une adaptation, *La Conjuration de Fiesque*, de Schiller. Il s'apercevra assez vite qu'il s'agit là plutôt d'un exercice en quelque sorte universitaire à lui-même imposé par l'autodidacte qu'il reste.

Et parce que, décidément, ce volcan de vie créatrice qu'est Dumas à vingt-cinq ans ne peut encore, ou ne croit pouvoir travailler qu'en collaboration avec un tiers, et sur un canevas donné par un génie créateur, il va s'aboucher avec un certain Frédéric Soulié – futur auteur des *Mémoires du Diable* –, et chercher son bien dans Walter Scott, dont la gloire en France est alors à son zénith. On vient de jouer un *Château de Kenilworth* à la Porte-Saint-Martin, la Comédie-Française prépare un *Quentin Durward* – le rôle de Louis XI ayant d'abord été réservé à Talma qui, on le sait, vient de mourir.

Alexandre et Frédéric jettent leur dévolu sur *Les Puritains d'Écosse*, où se manifestent deux « caractères », Balfour et Bothwell. Ils se mettent à l'ouvrage mais, constate pertinemment Dumas, « nos deux organisations, en relief toutes les deux, ne trouvaient l'une et l'autre où emboîter leurs aspérités ». La formule est belle, et pourrait servir de thème à une étude globale de l'œuvre de Dumas, dans laquelle l'« emboîtage des aspérités » ne laisse pas de jouer un rôle...

Bref, ces *Puritains* restèrent dans les tiroirs. Il fallait à Alexandre un personnage digne de sa verve, qu'aucun génie n'aurait encore accaparé et marqué de son sceau. Il lui fallait encore et surtout se libérer du système de fabrication collective pour signer enfin Dumas et faire œuvre de créateur.

CHAPITRE IV

Passant par les dames

1827, année de fièvre ✦ Une stratégie amoureuse ? ✦
Des maîtresses « par humanité »… ✦ Un « bas-bleu »
nommé Mélanie ✦ Belle aux dents de perle
✦ Virginie et le tsar ✦ Les deux empereurs de Mlle George ✦
Le fiacre de Marie Dorval

Alexandre a vingt-cinq ans. Depuis bientôt cinq ans, il arpente Paris de ses longues jambes de coureur de brousse, tignasse au vent, regard flamboyant bleu. Il n'a pas, comme d'Artagnan, pénétré d'un coup la citadelle : la société de la Restauration est plus complexe que celle de Louis XIII, la plume moins expéditive que l'épée.

Mais il n'est plus, en 1827, ce « petit employé du duc d'Orléans » que décrivent encore certains de ses biographes. Il a noué de fortes relations, est reçu chez des gens d'importance, a table ouverte chez les Leuven et les Arnault, a créé une revue de poésie, publié une *Ode au général Foy* très admirée dans les cercles libéraux, et fait jouer (anonymement encore) deux pièces sur deux grandes scènes de Paris. Et il est le fils d'un personnage historique dont l'étoile pourrait bien briller à nouveau si les circonstances s'y prêtaient…

Elles s'y prêtent. Cette année 1827 est une année tournante, dans l'ordre social et politique. La monarchie rétablie en 1815 connaît ses premiers ébranlements importants. Une loi sur la presse – c'est-à-dire aggravant la censure... –, qualifiée de « loi vandale » par Chateaubriand qui amorce son grand virage vers le libéralisme, a fait gronder la gauche. Charles X, jusqu'alors étrangement populaire, a été conspué par une foule parisienne. La dynastie s'inquiète.

Plus d'un quart de siècle plus tard, dans *Les Mohicans de Paris*, Alexandre Dumas jettera un superbe coup de projecteur, digne de son ami Michelet, sur cette période pré-révolutionnaire d'où va émerger son personnage :

« Charles X régnait depuis deux ans... Il avait le cœur faible et honnête, et laissait croître autour de lui les deux partis qui, croyant l'affermir, devaient le renverser : le parti *ultra* et le parti *prêtre*... L'aristocratie était inquiète et divisée... La bourgeoisie, ce qu'elle est en tout temps : amie de l'ordre, protectrice de la paix ; elle désirait un changement, et tremblait que ce changement n'eût lieu... Le peuple était dans l'opposition, sans savoir bien s'il était bonapartiste ou républicain... »

Un temps favorable aux ambitieux. Le fils du général Dumas l'est. Mais son ambition reste, pour l'heure, de l'ordre de la littérature, ou mieux, on le sait, de la scène, de l'action dramatique, de cette bataille de mots, de gestes, de passions, de comédiens, de public, de presse, de provocations et d'acclamations qu'ont livrée Euripide, Molière, Beaumarchais...

Un monde où les femmes jouent un rôle central, rarement comme auteurs en ces temps-là, mais comme interprètes (pour un Talma, combien de Mlle Mars et de Mlle George ?) et comme créatrices de climats dans lesquels s'opère l'alchimie théâtrale.

Le théâtre parisien n'a pas encore sa Colette. Mais vingt, cent dames de Paris – de Delphine de Villemessant à George Sand et Marceline Desbordes – donnent la note, l'atmosphère, dans laquelle se déploie, se débat, se défait le monstre à cent têtes qu'est une soirée de théâtre.

Pour ambitieux qu'il soit, et capable de cynisme, de violence sommaire, on ne décèle pas clairement en Alexandre, une « stratégie des femmes », la conquête méthodique de celles par lesquelles s'opère la réussite sociale. Il n'a pas lu, et pour cause, les aventures de Julien Sorel ou de Rastignac, ni Casanova (en tout cas à l'époque où nous nous situons), ni *Les Liaisons dangereuses*. *La Vie du chevalier de Faublas*, plutôt, ou d'une autre façon le cardinal de Retz.

Mais rien dans son comportement ne fait paraître une stratégie de boudoir. Si abondant soit ce qu'on appelle vilainement, dans ces cas-là, son « tableau de chasse », si vorace soit le séducteur (le plus souvent séduit d'abord), on ne voit pas qu'il ait fait le siège de quelque Madame de Mortsauf, ou de quelque marquise à salon. Des comédiennes, oui, bien sûr. Mais il s'agit, avec elles, de la substance dont il fait son œuvre. Peut-on dire que Fragonard était amoureux de ses couleurs, Rodin de son marbre ?

Il y a, c'est vrai, cette gourmandise avec laquelle il s'intéresse au genre humain en général. Mieux qu'aux femmes en particulier ? Adolphe et Alphonse, et Rousseau, et Soulié, et Lassagne aussi bien qu'Aglaé ou Laure ? Pas tout à fait. Il est hanté, comme Don Giovanni, par l'« *odor di femmina* ». Mais c'est avec une sorte de prudence tactique qu'il en est conscient, et qu'il prétend la maîtriser. Écoutons cette confidence où la forfanterie n'exclut pas la lucidité : « C'est par humanité que j'ai *des* maîtresses ; si je n'en avais qu'une, elle serait morte avant huit jours. » Frénésie sexuelle ? Rythme de vie ? Violence possessive ? Le fait est qu'il est multiple, et quasiment irrésistible.

On a à peine évoqué les amours d'adolescence, l'Aglaé (Adèle) de ses quinze ans, Louise, Manette… Mais bien sûr la première liaison parisienne avec sa voisine de palier, la robuste couturière Laure Labay, qui lui a donné un Alexandre reconnu sept ans plus tard, encore qu'il fût l'objet de peu de soins de sa part. Mais nous voilà encore bien loin de son univers, celui des mots et de la scène.

C'est la liaison avec Mélanie Waldor qui va ouvrir la séquence érotico-littéraire. S'y s'entrecroisent débutantes et « divas », poétesses un peu mûres et soubrettes, jusqu'à l'imposante Ida Ferrier qu'il jugera bon, contre l'avis de son fils, d'épouser.

Avec Mélanie Villeneuve, épouse du capitaine Waldor dont le séjour dans des garnisons lointaines (Alexandre avait-il des relations avec le 4e bureau de l'état-major, celui des affectations ?) était propice à la vie en commun des amants, Alexandre a vécu à coup sûr un amour véritable, animé par la passion, tempéré par des aspirations littéraires plus ou moins convergentes, peu troublé par les différences politiques : le père de Mélanie, conférencier de salon monarchiste, n'avait pas élevé sa fille dans les idées que professait Dumas.

Était-elle son type ? On l'avait vu jusqu'alors en « affaires » avec des dodues plutôt blondes. Mélanie était brune, très brune ; et maigre, vraiment, privée de ces « avantages » où Alexandre ne voyait pas précisément des inconvénients. Mais dès la première rencontre, en juin 1827, à l'occasion d'une conférence littéraire de son père, à l'Athénée, les regards qu'ils s'échangent sont brûlants. Et comme dans la chanson, c'est un fiacre qui sera, quelques semaines plus tard, le cadre de leurs premières caresses.

Mélanie se voulait fidèle à son mari le capitaine, alors en garnison à Thionville. Mais allez résister à l'auteur de *La Chasse et l'amour*, et qui a fait de la « noce » la moitié du titre de son second ouvrage. Allez résister à ce grand type aux boucles folles et au regard pervenche, qui cite Schiller et Byron entre deux soupirs ?

Si peu dodue que fût Mélanie, qui pouvait passer pour « mûre » en ce temps-là (elle avait trente et un ans quand elle tomba dans les bras du conquérant qui venait de fêter ses vingt-cinq ans), elle a bien des charmes à la Carmen, des yeux superbes, une voix un peu rauque, de la conversation. Et une « position » dans le monde littéraire par ses parents avec lesquels elle vit encore plus ou moins. Un salon ? Modeste à l'origine. Mais en grande partie grâce à son faramineux amant, elle lui donnera du lustre, et Dumas en tirera avantage, sinon bénéfice. Au moment de l'entrée en gloire d'Alexandre, en 1829, ils formeront un couple, comme les aime le public.

Amoureux, ces deux-là ? De lui, qui s'est à proprement parler « jeté sur elle », on entend, à lire ses lettres, comme un souffle, une rumeur de possession, une joie aussi de l'initier au plaisir, soin que le capitaine périphérique n'avait semble-t-il guère pris, et que ne lui avait guère laissé entrevoir un milieu très conservateur et pudibond.

Ce qui frappe ici, chez Dumas, et comme pour fouetter son désir, c'est une violente jalousie à l'encontre du mari, dont il redoute – non, appréhende – intensément la réapparition hors de la caserne lointaine de Phalsbourg ou de l'île d'Aix. Il ne se contente pas de lui prendre sa femme. Il ne lui pardonne pas d'être, en quelque sorte, l'« ayant droit ». Mais lisons-le plutôt :

« Je suis bien plus près en ce moment de la folie que de la raison. Je ne puis cesser de t'écrire et cependant je ne puis te répéter que ce que je t'ai dit, mais j'éprouve le besoin de remplir des pages du mot *Je t'aime* mille fois répété – si tu as pu être jalouse – que je suis heureux, tu m'as enfin compris, tu sais ce que c'est que aimer, puisque tu sais ce que c'est que la jalousie… hein ! connais-tu quelque chose de pareil, et les imbéciles, les faiseurs de religion qui ont inventé un enfer avec des souffrances physiques, qu'ils se connaissaient bien en tortures ! Cela fait pitié, un enfer où je te verrais continûment dans les bras d'un autre – malédiction, cette pensée ferait naître le crime, Mélanie, ma Mélanie je t'aime comme un fou, plus qu'on aime la vie, car je comprends la mort et ne puis comprendre l'indifférence pour toi. Ne crois rien de ce que dira ta mère. Je te dirais presque ne crois rien, tes yeux dussent-ils voir, tes oreilles dussent-elles entendre, il y a des mirages pour les yeux, des bruissements pour les oreilles. Que le mot *Je t'aime* t'entoure continuellement. Je charge tous les objets qui t'approcheront de te le répéter. Dis en voyant chacun d'eux : si mon Alex pouvait lui donner une voix, il me répéterait : *Je t'aime*. Oui, plus que les expressions ne peuvent dire, et cela parce que c'est plus que l'esprit ne peut comprendre. Mille baisers sur les lèvres, et de ces baisers qui brûlent, qui correspondent par tout le corps, qui font frissonner et qui contiennent tant de félicité qu'il y a presque de la douleur. »[15]

C'est dans le premier appartement qu'il a loué pour elle, rue de Sèvres, et mieux encore dans le second, rue de l'Ouest, que s'opère la mutation chez Alexandre, du vaudeville au genre noble (plus noble…), de *Fiesque* à *Christine* et à *Henri III*. Sous l'influence de Mélanie ? On a vu qu'il n'avait jamais tenu *La Chasse et l'amour* et *La Noce et l'enterrement* que pour des

---

[15] Cité par Claude SCHOPP, *Alexandre Dumas*, Fayard, p. 103 (daté de septembre-octobre 1827).

exercices anonymes. Mais, fille de professeur de lettres, poétesse elle-même, elle ne put qu'accentuer, accélérer l'évolution, l'élévation du dramaturge qu'elle aimait.

Elle était elle-même écrivain, signant drôlement ses articles « un bas-bleu », publiant d'abord dans la revue *Psyché* animée par Alexandre des *Stances*, un *Roi de Thulé*, *La Jeune fiancée*, *Sur la mort d'une jeune fille*, *L'oiseau mort*, avant de se retirer quelques mois dans une propriété familiale proche de Nantes, La Jarrie, pour y accoucher d'un enfant qui devait être appelé Antony – le titre de la pièce la plus fameuse d'Alexandre – et qui ne vécut pas.

Entre-temps, les amours entre le dramaturge et la poétesse ont tourné au drame, puis, en 1831, à la rupture, sur laquelle Mélanie, écrivain de plus en plus prolifique, tentera de revenir, écrivant lettre sur lettre à Alexandre et une pièce, *L'École des jeunes filles*, dont il est le très reconnaissable héros…

À la fin de novembre 1830, pensant au suicide, elle a réalisé un testament éloquent :

> « Je veux avant *son* départ obtenir :
> Mes lettres pour les relire – et mon portrait.
> Notre chaîne et notre anneau.
> *La Prière, Le Lac, La Jalousie.*
> Les bagues en cheveux du pauvre Jacques.
> Son cachet *Mi labia.*

Et si je meurs que tout cela soit, hors le portrait, enterré avec moi au cimetière d'Ivry près de la tombe de Jacques. Je ne veux qu'un marbre blanc, le jour de ma mort écrit dessus, mon âge, puis au-dessous : *Sarò di te o di morte*[16] et aux quatre coins du marbre – ces quatre dates – le 12 sept. année 1827, le 23 sept.

---

[16] Je serai à toi ou à la mort.

année 1827 ; le 18 sept. année 1830, et le 22 nov. année 1830. Ces quatre époques sont les seules qui aient décidé de mon sort et de ma vie. Je veux aussi tant que ma mère vivra des géraniums autour de moi, et je prie mon enfant quand elle sera grande de remplacer en cela ma mère.

Je veux que l'on mette au lieu de linceul ma robe bleue et mon écharpe jaune, je veux notre chaîne noire à mon cou et les bagues de Jacques à mon doigt ; je veux que sa montre et notre anneau soient sur mon cœur avec notre géranium brisé.

Ses poésies et nos lettres à mes pieds.

— Je donne mon portrait à ma mère.

— Mes cheveux à lui, s'il les demande jamais… »[17]

Mélanie s'est mise à l'opium. En décembre de la même année, elle croit pouvoir reprendre espoir :

« Laisse-moi t'écrire, mon Alex. Je n'ai d'autres pensées loin de toi que toi et je sens que la vie m'échappe jour par jour. Va, je ne te reproche rien, tu m'aimes, tu n'aimes que moi, mais ta faiblesse me tue et j'ai peur de mourir.

Aie pitié de moi comme j'ai eu pitié de toi ou tu ne m'as jamais aimée. Supporte ses reproches, sa colère, tu t'es fait coupable, oh, sache expier cette faute. Choisis entre un moment pénible et le malheur de toute ma vie si je vis. Te peut-elle aimer comme je t'aime ? Est-elle pour toi ce que je suis moi, une partie de toi ?

Oh mon ange, mon Alex, je n'ai d'espoir qu'en toi. Et tu ne veux pas que je meure. Oh n'est-ce pas que tu ne le veux pas ? Tu m'aimes, oui, oui, tu m'aimes, tu n'aimes que moi. Je suis folle, insensée. Que je dorme sur ton sein et je guérirai, oh oui, je guérirai. »

---

[17] Cité par Claude SCHOPP, *op. cit.*, p. 187-188.

La rupture est avérée à la fin de 1831, mais ils se reverront parfois, lui de plus en plus glorieux, elle s'affaissant en femme de lettres besogneuse.

Alexandre Dumas a en effet rencontré, aimé, conquis Belle Krelsamer[18] qui, sous le pseudonyme de Mélanie Serre, joue de scène en scène les « grandes coquettes » et les « premiers rôles », et que notre bouillant dramaturge décrit ainsi : « Elle avait des cheveux noirs de jais, des yeux azurés et profonds, un nez droit comme celui de la Venus de Milo et des perles au lieu de dents. » Pauvre Mélanie Waldor...

Ne quittons pas si vite Mélanie « bas-bleu ». Tout compte fait, elle aura été non seulement la première grande liaison d'Alexandre, mais la seule peut-être qui, par ses idées, ses goûts, ses relations, ses ambitions, aura exercé une influence sur l'œuvre du conquérant. Il est vrai qu'il était déjà passé de l'Ambigu à la rédaction de *Fiesque* au moment de la rencontre avec Mélanie. Il est vrai que tout le menait déjà à l'invention du drame historique. Mais la poétesse au regard noir l'aura fait vivre dans un climat où ce qu'il portait de plus noblement ambitieux – le côté Lassagne – devait l'emporter sur la part de voracité aveugle, de « copinage » à la James Rousseau.

Et l'histoire du théâtre a, vis-à-vis de Mélanie Waldor, une dette majeure : l'idée d'*Antony*. C'est la fureur jalouse inspirée à Alexandre par le capitaine Waldor qui est, il en convient à diverses reprises, à l'origine du drame qui mit le comble à sa gloire théâtrale, à son empire sur le public. En cela, Mélanie est, de toutes les liaisons de Dumas, celle qui nous importe le plus.

On a déjà lancé, dans ce tourbillon érotique, le nom de Belle Krelsamer, qui y joua en effet un rôle savoureux, original, et pas seulement pour et par sa beauté et ses frasques. Belle, c'est

---

[18] Parfois orthographié *Krebsamer*.

l'amour des « Trois Glorieuses ». Alexandre l'a connue en juin 1830, jouant à Versailles. Trois semaines plus tard, à la veille du soulèvement, elle est devenue sa maîtresse, celle qu'il court embrasser entre deux assauts contre le Louvre. Au surplus, elle ne tarde pas à lui donner une fille, Marie. Et elle est la cible de si violentes imprécations de Mélanie !

Belle avait été précédée, dans les bras de notre dramaturge, par une autre comédienne, la première d'une série qui témoigne à sa manière de l'attachement que portait Dumas à l'univers du théâtre – un univers où, vertu ou pas, comédien ou auteur, les messieurs ont plus l'occasion qu'ailleurs de céder aux tentations, un milieu aussi où les filles jolies, ou habiles à jouer d'une feinte beauté, sont exposées à la « chasse » aussi bien qu'à l'amour.

Ainsi, parmi ses amours de théâtre, faut-il distinguer encore Virginie, parce qu'elle lui fit inventer un personnage et remodeler une pièce. Elle s'appelait Delville, mais avait bizarrement choisi de remplacer cet élégant patronyme par celui de Bourbier. De deux ans plus jeune qu'Alexandre, elle avait débuté en 1825 à la Comédie-Française dans un Marivaux. Si Virgine Bourbier fut choisie pour un petit rôle (la femme de chambre de la duchesse de Guise), ce fut semble-t-il sur les instances de l'auteur – le triomphe de la pièce contribuant à donner élan à sa carrière.

L'histoire du théâtre retient que, pour cette jolie personne, Alexandre modifia, ou mieux enrichit, l'une de ses pièces, *Christine*. Ce n'est pas seulement pour l'équilibre dramatique de son œuvre, c'est aussi pour complaire à Virginie que Dumas inventa le rôle de la petite Paula, amoureuse de Monaldeschi, à laquelle on doit quelques heureux moments[19].

La liaison avec Alexandre – fort combattue par Mélanie, bien sûr – ne dura guère plus de deux ans, Virginie s'étant

---

[19] Voir chapitre VI.

fait enlever par un cavalier en partance pour Moscou, où la légende veut qu'elle ait été la maîtresse du terrible tsar Nicolas Ier. Périodiquement, le rôle de la soubrette d'*Henri III* reviendra dans la chronique touchant l'innombrable M. Dumas. Mais jamais elle ne suscitera dans la vie du dramaturge autant d'échos que Belle Krelsamer ou Ida Ferrier – la seule d'entre elles qu'il devait épouser.

Comédienne pour comédienne, en tout cas, Mlle George et Marie Dorval dominent, fugitivement mais glorieusement, la vie amoureuse de notre Alexandre.

Mlle George est, sur un plan presque comparable à celui où régnèrent Talma et Mlle Mars, un personnage mythique de la scène française. De l'histoire aussi, dans la mesure où Napoléon la mit, quelques jours – quelques heures ? – dans son lit, qui attenait on le sait à son cabinet de travail… Vaincu, Napoléon aurait été imité en 1814 par son vainqueur, Alexandre Ier.

On ne saurait parler d'une liaison entre la comédienne qui incarna la Marguerite de Bourgogne de *La Tour de Nesle* et l'auteur de la pièce. Du temps où, pourrait-on dire, Dumas entre en scène, Mlle George est la maîtresse très officielle du directeur de l'Odéon, Charles Harel, qui ne dit pas un mot, ne prend pas une décision qui ne lui soit soufflée par la grande comédienne, dût-elle lui préférer, au lit, le critique Jules Janin. Lequel vivait, au 12 rue Madame, dans le grenier, quand Harel avait droit au premier étage, George se réservant le second. Quand, comment Alexandre devint-il, brièvement d'ailleurs, l'amant de celle qu'il considérait comme « la plus belle femme de son temps » ?

Ouvrons encore la biographie de Claude Schopp, bien documenté s'il en fut :

« Mlle George vit en princesse orientale, aime à montrer sa main, son bras, ses épaules, son cou d'une magnificence qui éblouit Alexandre. Elle a quarante ans quand elle reçoit Alexandre qui lui fait la cour, couchée voluptueusement dans un grand canapé ; il admire les entrebaillements des robes et des peignoirs, la blancheur miraculeuse de sa gorge… Il s'assoit près de la baignoire de zinc où elle s'est plongée… les beaux bras blancs sortent de l'eau mousseuse… »[20]

Et Alexandre de préciser dans ses *Mémoires* que, le recevant au bain, elle « rattachait de temps en temps, avec des épingles d'or, ses cheveux qui se dénouaient et qui lui donnaient, en se dénouant, l'occasion de sortir entièrement de l'eau des bras splendides et le haut, parfois même le bas d'une gorge qu'on eût dite taillée dans du marbre de Paros »…

Quel contraste avec la Minerve qu'était Mlle Mars – créatrice de la duchesse de Guise dans *Henri III* – qu'il appelait « un honnête homme », la décrivant comme bonne pour ses amis, généreuse, mais le plus souvent « pincée, retenue, sanglée, boutonnée comme la femme d'un sénateur de l'Empire », parfois aussi charmante et drôle, impayable dans les imitations qu'elle faisait de toute la Comédie-Française – mais qui, dans ses mauvais moments, était capable de dire de Dumas : « Il pue le nègre. »

La plus touchante aventure « comique » d'Alexandre Dumas fut celle, tardive, tronquée, qu'il vécut quelques semaines avec Marie Dorval à la fin de 1831. On verra pour quelle raison – l'amour de Vigny – Marie Dorval se refusa si longtemps, si

---

[20] Claude Schopp, *op. cit.*, p. 147-148.

vaillamment à la fougue du dramaturge. Mais on ne résiste pas à évoquer les premiers temps de ce duo interrompu.

C'est le 30 mars 1830. La première représentation de *Christine* vient de s'achever et Dumas, quittant le théâtre, descend les marches du péristyle quand il s'entend interpeller d'un fiacre qui passe, quittant lui aussi le théâtre. Une tête de femme sortit de la fenêtre du fiacre et le héla par son nom « Eh ! Montez ici et embrassez-moi. Ah ! Vous avez un fier talent, et vous faites un peu bien les femmes ! »

Alexandre éclate de rire, court au fiacre, et embrasse Marie Dorval, qu'il a d'emblée reconnue. Est-il déjà amoureux ? Tel qu'il est fait, on peut le croire. Mais Marie ne peut se prévaloir encore de la gloire dont se parent Mars et George, tragédiennes quadragénaires quand elle n'est, à trente ans, qu'une magnifique comédienne limitée, encore, au mélodrame.

Si leur liaison fut brève, au début des années 1830, leur amitié fut longue. Elle appelait Alexandre « mon bon chien » – où il voyait un nom « mieux que d'amitié, d'amour ». Disons que c'est un sujet sur lequel il avait, compte tenu de sa vanité, une certaine compétence.

Chapitre v

Avec des amis comme ceux-là

« Tous pour un » ? ✦ Les embellissements pathétiques... ✦
Amédée de la Ponce et le travail ✦ La main d'Adolphe
✦ Les directives de Lassagne ✦ Charles Nodier,
qui savait aimer ✦ Hugo et Vigny en correcteurs ✦
Harel et son cochon ✦ Le baron et sa lanterne...

« Le cœur de d'Artagnan nageait dans l'ivresse, il marchait entre Athos et Porthos en les étreignant tendrement : "Si je ne suis pas encore mousquetaire, dit-il, au moins me voilà reçu apprenti..." »

D'entrée de jeu, on a voulu mettre l'accent sur les similitudes entre le jeune cavalier gascon et son « metteur en scène », Alexandre Dumas, qui a su tirer un si fier parti des mémoires du chevalier de Batz, seigneur d'Artagnan, rédigés par Courtils de Sandras. Il est évident que les péripéties biographiques du romancier sont moins proches de celles de son héros que l'esprit général de conquête cavalière qui les anime tous deux.

Par ceci d'abord, que l'esprit de bande, l'« étreinte » dont il est question plus haut, le fameux « un pour tous, tous pour un » tel qu'il est pratiqué dans le roman – mieux qu'il semble l'avoir été par le chevalier de Batz et ses amis – ne se retrouve, à un tel

97

point, dans la vie d'Alexandre, fils du général, qu'à partir des flamboyantes journées de juillet 1830.

Référence infaillible en la matière, Claude Schopp, présentant les scintillants *Mémoires* d'Alexandre, veut y voir un roman, plutôt qu'une autobiographie. Si évidents que soient, pour parler comme Chateaubriand, les « embellissements pathétiques » apportés à son récit par Dumas, on le voit, pourtant, par le ton, sinon par le style, plus proche des *Mémoires d'Outre-Tombe* que des *Trois Mousquetaires*. Peut-être parce que la vie de l'artiste est en fin de compte irréductible à celle de l'homme à l'épée.

Le fait est que, si « romanesques » que paraissent les *Mémoires*, reflet ou miroir d'une existence, ils se gardent, au moins dans la première partie, rédigée en France dans les années 1840, de donner le change sur l'essentiel. Par exemple, la pratique de l'amitié. Tout, en ce domaine, sonne juste. C'est plus tard que certaines amitiés – masculines avec le chevalier d'Orsay, féminines avec George Sand – seront enjolivées.

L'amitié est une donnée fondamentale de la vie d'Alexandre Dumas. Mais elle ne sert pas de leitmotiv au conteur des *Mémoires*. Tel, dans cette histoire, joue le rôle d'Athos ; et tel, de Porthos. Mais Alexandre ne fera jamais mine, même au moment de la première d'*Henri III*, ou de la bataille d'*Hernani*, de se présenter en d'Artagnan étreignant Hugo ou Vigny, ou Gautier.

Ce sont, ou ce seront bientôt des amis, quitte à se muer parfois en adversaires. Ce ne sont pas les frères d'élection que le romancier a si fougueusement campé dans *Les Trois Mousquetaires*. Dumas et ses compagnons de combat théâtral sont loyaux et chaleureux. Ils ne reflètent pas, même à travers le verre grossissant des *Mémoires*, la communion héroïque, voire sanguinaire des mousquetaires livrant Milady au bourreau de Béthune…

Mais pour être plus « raisonnable », l'amitié que pratique notre cadet du Valois peut être à la fois généreuse et fructueuse.

On veut dire dans l'ordre de la création. On a bien marqué que son « hégire », l'entrée décisive dans Paris à vingt ans, doit beaucoup à un ami au point qu'ils partagent cheval, arme, gibier et gîte. Qu'il n'est pas plus tôt dans ce Paris tant désiré que l'accueille un autre ami. Et que cette amitié, on l'a vu, prend d'emblée la forme de l'entrée dans le Saint des Saints, la loge de Talma.

Mais revenons à l'autobiographie d'Alexandre, à laquelle il a voulu donner le titre solennel de *Mémoires*, où le pluriel prend si volontiers une signification un peu évasive, comme si le *s* final était là pour diluer dans la multiplicité des faits, des points de vue et des époques de rédaction, l'exactitude du rapport…

Laissons les camaraderies d'enfance, pour aborder d'emblée les deux amitiés créatrices, durables, sans lesquelles le génie spontané, évident, du fils du général Dumas se serait évidemment déployé, mais de façon probablement plus débridée encore, peut-être en un mixte de César Birotteau et de César de Bazan.

C'est à moins de quinze ans, orphelin depuis 1806, qu'il rencontre Amédée de la Ponce qui, né dix années plus tôt, est déjà un personnage : jeune officier de hussards, il a pris part à la bataille de Leipzig et à la campagne de France, rencontrant par hasard une concitoyenne des Dumas qu'il épouse en 1817.

Cultivé, point surchargé de besognes à Villers-Cotterêts, Amédée se prend d'intérêt pour ce grand diable d'adolescent à l'œil clair dont il apprend qu'il est le fils du très notoire général Dumas. Avec une générosité frappante, il s'efforce d'élargir la culture, très sommaire, du jeune chasseur de moineaux, le convainquant que le travail est le plus savoureux des délassements : il est permis de dire que c'est là une idée dont saura tirer parti le prodigieux « bûcheur » que fut l'auteur de *La Tour de Nesle*.

Mieux : Amédée s'applique à enseigner à son jeune ami l'italien et l'allemand. Si Alexandre s'avère incapable de faire mieux en allemand qu'ânonner un peu de Schiller, il « mord » à l'italien : c'est une langue qu'il maniera assez correctement pour oser s'en prévaloir auprès du général Foy lors de cet entretien de tous les espoirs où le jeune homme a dû confesser, devant un homme qu'il admirait et qui voulait le sauver, les faiblesses de sa formation.

Amédée de la Ponce ne se contentera pas d'enseigner à Alexandre une langue qui sera celle de beaucoup de ses voyages, et parfois du héros de *Monte-Cristo* : on l'a vu prenant, dans les bureaux du duc d'Orléans, la défense de l'insolent qui a su signifier au monde des gratte-papier qu'il est d'autres ambitions créatrices que celle d'imiter Casimir Delavigne. C'est lui au surplus, et par trois fois, qu'Alexandre choisira pour être son témoin dans les duels que ce mousquetaire se croira tenu de livrer pour « faire d'Artagnan ». Amitié solide, et discrète.

Plus étroitement mêlé à la vie et à l'œuvre d'Alexandre fut, on le sait, Adolphe de Leuven, le fils du « régicide » de Gustave III de Suède, devenu un temps l'amant de Germaine de Staël et l'un des personnages du monde littéraire parisien. On a vu le jeune homme, déjà « parisien », accueillir généreusement son ami provincial aux manières frustes, l'introduire sans façon dans le monde des lettres et des théâtres, et coopérer avec lui dans des aventures « comiques » qui font voir que ce jeune aristocrate n'hésitait pas à se commettre en ce que l'on devait considérer, dans sa famille et les Académies, comme des « mauvais lieux » : l'Ambigu-Comique, et pour des histoires de chasse au lapin et de lièvres en cavale…

D'autant que le fils du seigneur suédois ne se fit pas faute de récidiver, aux côtés de personnages un peu louches comme James Rousseau. C'est lui qui fournissait le champagne, et quelques bribes de l'inspiration collective. On le verra, parfois associé à Scribe, acharné à doter les petites scènes parisiennes de saynètes et de vaudevilles, jusqu'à ce *Postillon de Longjumeau* qui devait se transformer en une opérette fort populaire du fait d'un compositeur quelque peu oublié, Adolphe Adam.

Leurs carrières pourront se dissocier. Leur amitié restera assez solide et notoire pour qu'Adolphe, devenu entre-temps directeur de l'Opéra-Comique, soit élu président du comité pour la statue d'Alexandre Dumas, et lègue ses biens au fils de son ami, devenu dans l'intervalle le célèbre auteur de *La Dame aux camélias*. Amitié, à coup sûr, et de celles qui peuvent faire penser aux *Mousquetaires*...

Et, avant les illustres, et leurs ambiguïtés, il faut bien sûr évoquer le nom de cet Athos en miniature que fut, pour le jeune Alexandre, son collègue Lassagne auquel avait été donné le beau prénom d'Espérance. On a vu cet homme de bien faire la leçon à son voisin de bureau Alexandre Dumas, qui rapporte loyalement les mises en garde contre le néo-classicisme que lui adresse Lassagne, aussi bien que ses sommations à propos des tragiques grecs, de Shakespeare ou de Molière.

Augure, pilote, accoucheur, cet excellent Lassagne ? Collaborateur aussi, pour *La Noce et l'enterrement*, opération combinée où il est bien difficile de distinguer qui fut l'initiateur, et qui le maître d'œuvre, encore que les *Mémoires* d'Alexandre spécifient bien que « Lassagne se chargea de repolir l'œuvre ». Le climat, entre eux, des « leçons » à la complicité créatrice, permet de parler d'une véritable amitié.

Mieux à coup sûr qu'avec ce Frédéric Soulié qui manqua de peu l'entrée en gloire aux côtés de Dumas, au moment de ce qu'on pourrait appeler l'« envol » de 1827, le passage des vaudevilles – auxquels ce dramaturge plein d'entregent est associé – au drame historique amorcé avec *Christine*. Que se serait-il passé si Soulié avait alors accepté de collaborer avec Dumas ? Nous verrons que ce désaccord ne suffit pas à détruire l'amitié alors en

gestation, et qui sera durable, en dépit de la publication par Soulié d'un livre raciste, sinon esclavagiste[21], au temps où Alexandre
donnait *Georges*.

Après celle d'Adolphe de Leuven, née en province, la première véritable amitié qu'Alexandre noua à Paris fut probablement celle que lui accorda Charles Nodier — et qui fut marquée,
dès l'origine, par la fantaisie, l'ironie, la bonne grâce, ce type de
rapports dont ne cessent de rêver les poètes et les aventuriers.

Ça commence comme une farce. Au parterre du théâtre de
la Porte-Saint-Martin, Alexandre assiste à l'une des premières
du *Vampire*, « de Carmouche, Nodier et Jouffroy ». Son voisin
semble plus intéressé par la lecture d'une revue, *Le Pâtissier
français*, que par la pièce. Ils bavardent à l'entracte, avant que
ledit voisin ne s'éclipse vers les loges. D'où part bientôt une
bordée de sifflets, qui troublent la représentation. On expulse le
trublion, que Dumas n'aperçoit pas.

Le lendemain, le jeune Dumas a la surprise d'apprendre par
les journaux que le responsable du chahut au théâtre est son
jovial voisin, l'amateur de pâtisserie, lequel est au surplus co-
auteur du drame puisqu'il s'agit de Charles Nodier… Venir au
théâtre pour siffler son propre ouvrage, tout au moins la façon
dont il est représenté, voilà qui n'est pas banal[22] !

Cinq ans se passent. Alexandre présente à la Comédie-
Française un drame consacré à la reine Christine de Suède,
Stockholm, Fontainebleau, Rome. Les premiers rapports de lecture ne sont pas encourageants. Alexandre exprime ses inquiétudes
à Lassagne. « Nodier, observe celui-ci, est l'intime de l'administrateur de la Comédie-Française, le baron Taylor. Faites jouer son

---

[21] *Le Bananier.*
[22] Nous verrons, au chapitre XIII, que Dumas ne sera pas loin d'imiter Nodier à propos de
son *Napoléon Bonaparte*…

influence… » — « Mais je ne le connais pas… » — « Si. Vous avez été son voisin au théâtre… Allez-y : Nodier n'oublie jamais rien… »

À la demande d'Alexandre, Charles Nodier adresse une note à Taylor, où il affirme n'avoir « pas lu, depuis vingt ans, une pièce plus remarquable que cette *Christine* ». On verra plus loin que l'intervention du bibliothécaire de l'Arsenal ne suffit pas, d'emblée, à assurer l'entrée de l'œuvre au répertoire : mais Dumas avait le cœur assez bon pour y voir l'amorce d'une amitié…

Amitié qui fut chaleureuse, et durable. À dater de 1829, Charles Nodier, sa femme et leur fille Marie accueilleront volontiers leurs amis à la bibliothèque de l'Arsenal. Dumas y aura table ouverte, sans réserve : c'est là qu'écloront la plupart de ses amitiés romantiques, avec les Johannot, Devéria ou le baron Taylor en attendant Lamartine, Gautier, et puis Hugo, Vigny…

Alexandre Dumas, qui ne fut nulle part plus heureux qu'à l'Arsenal, a défini Nodier comme un « aimeur », capable de porter autant d'amour à ses amis qu'à sa fille, et aux créatures de ses amis – Doña Sol, Chatterton, Antony – qu'aux siennes propres.

Les *Mémoires* de Dumas donnent, ici encore, le ton juste, celui de la tendre ironie :

« Non seulement Nodier était amusant à entendre, mais encore il était charmant à voir : son long corps efflanqué, ses longs bras maigres, ses longues mains pâles, son long visage plein d'une mélancolique bonté, tout cela s'harmonisait avec sa parole un peu traînante, que modulait sur certains tons ramenés périodiquement un accent franc-comtois que Nodier n'a jamais entièrement perdu[23]. Oh ! le récit était chose inépuisable, toujours nouvelle, jamais répétée. Le temps, l'espace, l'histoire… »

---

[23] Nodier était originaire de Besançon, comme Hugo.

Ce n'est pourtant pas à l'Arsenal, c'est dans une loge de la Comédie-Française, pour la première d'*Henri III et sa cour*, que Dumas fit la connaissance de Victor Hugo et d'Alfred de Vigny. Deux amitiés entrecoupées d'orages à la mesure des personnages.

On a suggéré déjà la cause de l'altération des rapports entre l'auteur de *Cinq-Mars* et celui des *Mousquetaires* : Marie Dorval, maîtresse très aimée du premier, vécut avec le second une liaison certes rieuse et passagère (« mon bon chien »…) mais qui ne pouvait laisser serein un amant, et qui plus est un poète romantique…

Avec Victor Hugo, comme il sied avec le chef d'école, tout fut plus compliqué. Le début, à l'occasion d'*Henri III*, avait été idyllique (« mains serrées à propos d'un triomphe »). Trois ans plus tard pourtant, paraît dans *Le Journal des débats* un article de Cassagnac qui dénonce en Dumas un plagiaire de Hugo – article dont l'auteur d'*Antony* a la preuve qu'il a été relu et corrigé par le maître. C'est évidemment la brouille – passagère mais qui ne sera vraiment surmontée qu'au cours de leur exil simultané à Bruxelles, en 1851.

L'épreuve impériale achève de ressouder l'amitié ancienne. Qui d'autre que Hugo pouvait écrire (et à qui d'autre qu'à Dumas ?) : « Vous êtes l'un des éblouissements de mon siècle… » ? Des batailles communes, celles des années 1829 et 1830, d'*Henri III* à *Hernani* et au *More de Venise* de Vigny, les ont unis, comme les ennemis communs, surtout l'Empire… Pour Dumas, la conquête de Paris n'allait pas sans celle de l'auteur-mage, du maître de la constellation. Mais amitié – dans le sens où l'entendent les mousquetaires ? Le fait est que le plus bel éloge nécrologique de Dumas sera la lettre adressée à son fils par Victor Hugo.

S'agissant de Hugo, de Vigny, et de leur amitié pour Dumas, il ne faut pas négliger ce trait, rapporté par ce dernier : le soir où, après tant de déboires et de contestations, *Christine* est enfin jouée à l'Odéon, alourdie de l'acte romain qui nuisit au bon succès de la pièce, Alexandre convie à dîner ses amis, dont les deux poètes. Au cours du dîner, l'hôte, conscient de ses faiblesses, reconnaît qu'il faudra réécrire le dernier acte, qui a été « empoigné » par une bonne partie du public – et pour le lendemain. Quelle corvée ! Et puis, il a ses vingt-cinq invités à sa table et jusqu'à quelle heure ?

Alors Hugo et Vigny se lèvent, et tranquillement, demandent à Alexandre le manuscrit. Ils s'en chargent !

« Hugo et de Vigny prirent le manuscrit, m'invitèrent à ne m'inquiéter de rien, s'enfermèrent dans un cabinet, et, tandis que nous autres, nous mangions, buvions, chantions, ils travaillèrent… Ils travaillèrent quatre heures de suite avec la même conscience qu'ils eussent mise à travailler pour eux, et, quand ils sortirent au jour, nous trouvant tous couchés et endormis, ils laissèrent le manuscrit, prêt à la représentation, sur la cheminée, et, sans réveiller personne, ils s'en allèrent, ces deux rivaux, bras dessus, bras dessous, comme deux frères !

Te rappelles-tu cela, Hugo ?

Vous rappelez-vous cela, de Vigny ? »

Trait assez étonnant, en effet, de solidarité confraternelle ! Nous voilà bien au « un pour tous, tous pour un », plus commun chez les hommes d'armes que chez les gens de plume.

L'amitié, Dumas l'aura aussi pratiquée avec des personnages que nous dirions aujourd'hui plus mineurs : d'abord avec Béranger, alors illustre, tenu pour suprême, qu'il en vint à appeler « mon père » et dont il appréciait l'ironie cinglante ; avec Étienne Arago, le docteur Bixio, le journaliste Nestor Roqueplan, le « dandy » Gédéon-Gaspard d'Orsay, peintre, sculpteur, voyageur ; ou des acteurs avec lesquels il a noué des relations fortes comme Firmin, le créateur du Saint-Mégrin d'*Henri III et sa cour*.

Mais on voudrait s'attarder un peu mieux sur deux personnages qui ont pris une part plus active à sa vie d'homme de théâtre, contribuant, chacun à sa manière, à lui ouvrir les portes de la gloire qu'il voulait tant forcer : Charles Harel et le baron Taylor.

Harel entre dans la vie d'Alexandre au bras de la reine Christine de Suède, de la somptueuse George – et flanqué d'un cochon. Directeur de l'Odéon, amant en titre de la comédienne aux deux empereurs, voltairien, affairiste, c'est un homme d'esprit (« le plus spirituel de son époque », assure Dumas). À tel point que nombre de ses « mots » furent attribués à Talleyrand…

Étrange type. Moins parce qu'il avait disposé sa maison de la rue Madame de telle façon que l'amant de cœur de George habitât le grenier, lui le premier étage et la comédienne le second, que parce qu'il se déclara épris d'un cochon. L'histoire est rapportée avec plus de verve que de goût dans les *Mémoires* d'Alexandre Dumas :

« Quand Harel voyait George couchée sur son canapé au milieu de ses chiens bien peignés, bien lavés, avec leur collier de maroquin au cou, il soupirait d'ambition – une ambition qu'il avait manifestée bien souvent, celle d'avoir un cochon !

Ayant résolu, George et moi, de combler les modestes désirs d'Harel, nous achetâmes, moyennant vingt-deux livres tournois, un cochon de trois à quatre mois ; nous lui mîmes une couronne de diamants sur la tête, un bouquet de roses au côté, des nœuds de pierreries aux pattes et nous entrâmes dans la salle à manger.

Notre ami se précipita sur son cochon, le serra contre son cœur, se frotta le nez à son groin, le fit asseoir près de lui et se mit à le bourrer de friandises. Comme nul ne s'était préoccupé du coucher de l'animal, Harel s'empara d'une robe de velours à George, et lui en fit une litière.

Cette amitié d'Harel pour son cochon devint une frénésie. Un jour, il m'aborda à la répétition en me disant :

— Vous ne savez pas, mon cher ? J'aime tant mon cochon, que je couche avec lui !

— Eh bien, lui répondis-je, je viens de rencontrer votre cochon, qui m'a dit exactement la même chose… »

Bref, baroque, zoophile ou pas, Harel avait de l'esprit, bien qu'il ne sut guère distinguer un beau vers d'un médiocre. Alexandre l'a-t-il aimé ? Peut-être. Après l'avoir détesté. Il n'est pas douteux qu'il fut l'un des hommes de Paris qui sentirent ce dont Alexandre était porteur, moins inspiré par le génie créateur que par le génie animateur, dynamique et adaptateur, d'un type de flair inventif qui ne crée pas à proprement parler, mais raboute, conjugue et fait germer êtres et plantes.

Isidore-Séverin-Justin Taylor-Walwein, né en 1789 de père irlandais et de mère flamande, fut un des personnages les plus savoureux d'un temps qui en connut beaucoup. Élevé à Paris, dans une pension de la rue Jacob, adorateur de Chateaubriand dès son adolescence, il manifesta très vite des dons multiples, de dessinateur notamment.

Puis on le vit se manifester dans le monde du théâtre. Il n'a pas vingt ans quand il réussit à faire jouer une pièce, *Les Serfs de la Scandinavie* – un four – puis, au théâtre Molière, une petite comédie, *Amour et étourderie*, sans grand succès non plus.

Lors des Cent Jours, il choisit le camp des Bourbons, suit Louis XVIII dans son exil de Gand, est promu capitaine des gardes, y gagne la confiance de la Cour. Il voyage dans le Midi, en Espagne, en Italie, se lie à Charles Nodier et, par lui, fait la connaissance de nombre d'écrivains de son temps – mais, chose étrange, assez tardivement d'Alexandre Dumas, alors qu'il est très lié avec le comte d'Orsay dont on a dit les liens avec Alexandre.

En 1822, au moment même où Dumas entrait dans Paris, Taylor avait conquis une manière de célébrité en proposant aux Parisiens un nouveau type de spectacle, le *Diorama*, auquel collaborait Daguerre : le public était invité à contempler de vastes paysages peuplés de personnages plus ou moins exotiques : voilà Taylor à la mode. Il consolide son crédit auprès de la monarchie en participant à l'expédition d'Espagne de 1823, inventée par Chateaubriand, alors ministre des Affaires étrangères, pour rétablir l'absolutisme au sud des Pyrénées.

À l'occasion du sacre de Charles X à Reims, Isidore-Justin est fait « baron » – un titre dont il se prévaudra volontiers. Son ascension ne s'arrête pas là : en vue de remplacer le très médiocre Chiron, on fait appel à lui pour administrer – pour ressusciter – une Comédie-Française qui s'affaisse dans le plus morne conservatisme.

En treize ans de gestion – souvent interrompue, au grand dam des comédiens et des auteurs, par les voyages qu'il entreprend, surtout en Orient, en rapportant de très savoureux récits et devenant bientôt l'un des responsables du transfert à Paris de l'obélisque de Louqsor – il rendra vie à la vieille maison. Il prend hardiment parti pour un théâtre neuf illustré par l'*Henri III* de Dumas et l'*Hernani* de Hugo.

On fera de lui le « sorcier » du Théâtre-Français. Il fut un homme assez intelligent pour saisir, interpréter, dynamiser le mouvement qu'incarnaient alors Hugo, Vigny et Dumas, et lui donner sa chance. Il sut aussi honorer matériellement les comédiens de grand talent, décuplant par exemple les salaires de

Mlle Mars ou de Firmin. Et c'est sans donner à son geste une publicité tapageuse, qu'il vendit sa bibliothèque pour venir en aide aux vieux comédiens nécessiteux.

Alexandre Dumas, qui lui dut l'essor soudain donné à sa carrière, en 1829, l'aimait beaucoup.

Recevant du baron un billet qui lui demandait « trois mots », l'auteur d'*Henri III et sa cour* écrit d'un trait « Aimez-moi toujours ! » Aurait-il fait la même réponse à beaucoup de ceux qui ont présenté ses ouvrages au public ?

Au lendemain de la première représentation, éclatante, d'*Henri III et sa cour*, *L'Écho de Paris* écrivait : « M. le baron Taylor, Diogène dramatique, sa lanterne à la main, cherchait un homme : il l'a trouvé… »

CHAPITRE VI

Christine, *en deux temps*

« Courage, Alexandre ! » ✦ *Le camarade Soulié*
✦ *Mais qui est Monaldeschi ?* ✦ *« Moi et Hugo »* ✦
Une reine mise au placard ✦ *Les idées d'Harel*
✦ *Une cabale maîtrisée par un rival…*

La lanterne du baron fit-elle plus pour éclairer le génie d'Alexandre, pour l'arracher au vaudeville et le projeter vers le drame historique, que les aspirations ou les ambitions de Mélanie Waldor ?

La maigre poétesse au regard noir n'a pas sacrifié sa vertu ni les bienséances à un amuseur de boulevard. Elle veut Dumas poète épique. Reprends-toi, Alexandre, et entre dans l'histoire ! Sois notre Schiller, inspire-toi de sa *Conjuration de Fiesque…* Deviens ce que tu es !

On a vu qu'à cette époque – 1827 – Alexandre et son ami Frédéric Soulié sont ardemment motivés par un projet de mise en drame des *Puritains d'Écosse*, de Walter Scott – dont le personnage de Bothwell les fascine – et que Soulié s'est lancé dans la traduction du drame de Schiller. Voilà bien des rendez-vous avec la grandeur. Les ambitions de Mélanie, les attentes de Taylor, les conseils de Lassagne, tout porte Dumas à se colleter avec l'histoire – son chant, ses ruses, ses violences. D'autant que Frédéric Soulié, qui semble devenu son double littéraire, aspire lui aussi à se libérer des pièges du boulevard pour affronter de nouveaux risques…

Alors que la troupe shakespearienne venue de Londres vient de faire passer sur le théâtre français un ouragan créateur, une mauvaise fièvre agite soudain la société française, du fait des outrances et des bévues du pouvoir royal. Le vieux roi Charles X vient de signer une loi répressive (bien que ses conseillers la présentent comme « de justice et d'amour ») qui va naturellement raviver les émotions populaires et faire jaillir du pays assoupi depuis douze ans, une de ces vagues de colère dont sont scandées nos annales. Il n'est que temps, M. Dumas, fils du général républicain rebelle à Bonaparte, de vous occuper d'histoire et des tragédies qu'elle engendre.

En cet automne de 1827 où les représentations de *Hamlet* ouvrent à Alexandre des perspectives bouleversantes, est inauguré le salon d'art annuel. Une certaine Félicie de Fauveau y expose des bas-reliefs dont l'un retient son attention : il représente Monaldeschi, favori de la reine Christine de Suède, assassiné sur l'ordre de celle-ci, à Fontainebleau, en 1657.

Si lié qu'il fût au fils de ce Ribbing de Leuven qui était, lui, impliqué dans l'assassinat du roi de Suède Gustave III[24], en 1792, Dumas ne semble pas avoir entendu ses amis parler de cet épisode tragique. Mais le voici empoigné d'un coup, voyant s'agiter de sombres personnages et luire des épées. Visitant l'exposition à ses côtés, Frédéric Soulié ne laisse pas de manifester non seulement son émotion, mais aussi son intérêt de professionnel inlassablement avide de sujets.

---

[24] C'est le thème d'*Un bal masqué*, l'opéra de Verdi.

« Voilà un beau thème de drame… » murmure Alexandre. « Non, de tragédie » coupe Frédéric. « De drame », maintient Dumas. Et, décidément saisi par l'idée : « Veux-tu l'écrire avec moi ? » — « Non, fait Soulié. La tragédie que je veux tirer de ce sujet, je l'écrirai seul… » — « Mais alors, nous allons entrer en rivalité… Qui de nous se fera jouer au Théâtre-Français ? » — « Celui, coupe Frédéric, qui aura fini le premier ! » Voici donc Alexandre Dumas réduit – par chance ! – à son seul génie, au moment où il prétend entrer dans l'arène de l'histoire. Exalté par le risque ? Probablement. Après tout, Molière écrit *L'Amour médecin* à plusieurs mains, et seul *Le Misanthrope*…

Reste une question : qui est, au vrai, ce Monaldeschi au destin tragique, mais si peu familier aux Français ? Un Cinq-Mars, un Buckingham, un Concini ?

Alexandre se plonge dans la *Biographie universelle*, pour apprendre – les Leuven, père et fils, qui avaient, en bons Suédois, une idée sur l'affaire, semblent s'être tenus à l'écart – que Giovanni, marquis de Monaldeschi, favori de Christine, l'ayant accompagnée pendant l'un de ses deux séjours à Fontainebleau en 1657, trois ans après l'abdication de la reine, avait été assassiné sur ordre de l'ancienne souveraine, irritée par un libelle qui lui était attribué.

Affaire ténébreuse mettant en scène des personnages extravagants, à commencer par Christine elle-même, en ce Fontainebleau qui fut le cadre de quelques tragédies sanglantes de l'histoire de France, et à propos d'un personnage d'aventurier italien porteur d'autant de passion, d'ambition, de rancœurs et d'aspiration à la liberté que Brutus et Alcibiade à la fois – sur le mode pré-romantique.

Rassembler en une même intrigue la nostalgie d'un pouvoir délaissé, la jalousie d'une femme privée du pouvoir de coercition, les ruses d'un intrigant de haute volée doublé d'un polémiste redoutable, dans un château royal bruissant d'échos tragiques : oui, le thème était beau, pour peu que l'on y voie un drame ténébreux plutôt que la tragédie entrevue par Frédéric Soulié.

C'est sur ces fondements qu'Alexandre Dumas se lança dans ce qu'on peut appeler la seconde phase de sa conquête de Paris. De 1822 à 1827, il avait pénétré, grâce aux Leuven, dans le monde du théâtre, pris pied dans l'entourage du duc d'Orléans, éveillé l'amour de quelques dames – dont la dernière en date, Mélanie Waldor, lui avait donné accès aux salons influents de la capitale – et appris à manier en public la langue de la scène, fût-ce par le biais de vaudevilles inconsistants.

Désormais, à partir de l'automne 1827, il est entré en campagne, parti pour l'escalade des sommets. Ouvrons les *Mémoires*, ici d'une éloquence poignante :

« La lutte réelle, c'était moi et Hugo – je parle chronologiquement – qui allions l'engager. Aussi, je m'y préparais, non seulement en continuant ma *Christine*, mais encore en étudiant l'humanité tout entière à côté de l'individualité.

J'ai dit l'immense service que m'avaient rendu les acteurs anglais du jour où j'avais vu des hommes de théâtre oubliant qu'ils étaient sur un théâtre ; cette vie factice rentrant dans la vie positive à force d'art ; cette réalité de paroles et de gestes qui faisait, des acteurs, des créatures de Dieu avec leurs vertus et leurs vices, leurs passions et leurs faiblesses ; de ce jour-là, ma vocation avait été décidée… J'eus en moi une confiance qui m'avait manqué jusqu'alors, et je m'étais élancé hardiment vers cet avenir contre lequel j'avais toujours craint de me briser…

Je pris, les uns après les autres, ces hommes de génie qui ont nom Shakespeare, Molière, Corneille, Calderón, Goethe et Schiller[25] ; j'étendis leurs œuvres comme des cadavres sur la pierre d'un amphithéâtre, et, le scalpel à la main, pendant des nuits entières, j'allai, jusqu'au cœur, chercher les sources de la vie et le secret de la circulation du sang. Je devinai, enfin, par quel mécanisme admirable ils mettaient en jeu les nerfs et les muscles, et par quel artifice ils modelaient ces chairs différentes destinées à recouvrir des ossements qui sont tous les mêmes.

Car l'homme n'invente pas. Dieu lui a livré la création… Le progrès n'est que la conquête journalière, mensuelle, séculaire de l'homme sur la matière. Chacun arrive à son tour et à son heure, s'empare des choses connues de ses pères, les met en œuvre par des combinaisons nouvelles, puis meurt après avoir ajouté, à la somme des connaissances humaines qu'il lègue à ses fils, quelque parcelle nouvelle – une étoile à la voie lactée !

C'était donc, non seulement l'œuvre dramatique, mais encore l'éducation dramatique que je menais à sa fin. »

« À sa fin… » L'éloquence l'emporte, notre Alexandre. Mais deux idées fortes animent ce texte fiévreux : que le théâtre est bien son domaine, son moyen d'expression, qu'il est et vit en auteur dramatique ; et que le théâtre est enraciné dans sa vie immédiate, qu'il est cette vie même – et qu'il le fera voir !

Ainsi agité par cet enthousiasme, il écrivit *Christine* en sept semaines. Mais que faire de « cette bâtarde, née en dehors de l'Institut et de l'Académie », alors que ni Hugo, ni Vigny n'ont encore engagé le fer, alors que des deux hommes auxquels il eut accès dans les hautes sphères du théâtre, l'un, Talma, venait de mourir, et l'autre, Lucien Arnault, « n'en aurait pas lu dix vers qu'il la rejetterait… » ?

---

[25] Signe du temps : Racine est oublié…

De requête en sondage, des bureaux du duc d'Orléans aux coulisses de la Comédie-Française, il aboutit à cette révélation : que l'homme qui lui donnerait le meilleur accès à cet illustre théâtre était… le souffleur de la maison. Lequel, fort aimable, lui fit comprendre qu'il n'y avait qu'une oreille à séduire, qu'un avis qui comptât pour être joué dans cette maison, et que cet homme était le « commissaire royal », le baron Taylor, dont l'autorité, depuis deux ans, s'était affirmée sans partage.

On a raconté, à propos de Taylor, le conseil donné par son ami Lassagne à Alexandre : faire jouer la vague relation qu'il avait établie avec Charles Nodier. Un peu sceptique, Dumas écrit au monsieur de l'Arsenal, et reçoit, stupéfait, une réponse, non de Nodier mais de Taylor lui-même qui lui donne rendez-vous quelques jours plus tard chez lui – à sept heures du matin !

Une vieille bonne accueille Dumas, l'air consterné : « Ah ! monsieur, le baron vous attend. Vous lui rendez un fier service… » Dumas se précipite et trouve Taylor dans sa baignoire, tel Marat face à Charlotte Corday, mais – pire ? – le baron se baigne, lui, en face d'un monsieur qui lui lit sa tragédie : *Hécube*. L'entrée d'Alexandre met le lecteur en émoi : il se cramponne à la baignoire en criant :

« Il n'y a plus que deux actes, monsieur ! Il n'y a plus que deux actes !

— Deux coups d'épée ! Deux coups de couteaux ! Deux coups de poignards ! Choisissez, parmi les armes qui sont ici, et égorgez-moi tout de suite !

— Monsieur, répondait l'auteur d'*Hécube*, le gouvernement vous a nommé commissaire du roi, c'est pour entendre ma pièce ; il est dans vos attributions d'entendre ma pièce, vous entendrez ma pièce ! »

Hécube achevé, Alexandre va-t-il enfin entamer sa lecture ? Doit-il se retirer, vu l'état d'esprit de Taylor qui, à force de grelotter dans un bain refroidi par *Hécube*, a choisi de se blottir dans son lit ?

« Ma foi, non, dit Taylor, et, puisque nous y sommes…

— Eh bien, lui dis-je, je vais vous lire un acte seulement, et, si cela vous fatigue ou vous ennuie, vous m'arrêterez.

— À la bonne heure, murmura-t-il. Allez, je vous écoute.

Je tirai en tremblant ma pièce de ma poche ; elle formait un volume effrayant. Taylor jeta les yeux sur cette immense chose avec un tel sentiment d'effroi que je m'écriai :

— Ah ! monsieur, ne vous effrayez pas, le manuscrit n'est écrit que d'un côté.

Il respira.

Je commençai. J'avais les yeux si troublés, que je ne voyais rien ; j'avais la voix si tremblante, que je ne m'entendais pas moi-même. J'achevai tant bien que mal mon premier acte.

— Faut-il continuer, monsieur ? demandai-je d'une voix faible et sans oser lever les yeux.

— Mais oui, mais oui, dit Taylor ; c'est, ma foi, très bien !

La lecture achevée, Taylor sauta à bas de son lit.

— Vous allez venir au Théâtre-Français avec moi.

— Et pourquoi faire, mon Dieu ?

— Pour prendre votre tour de lecture le plus vite possible.

— Vraiment ? Je lirai au comité ?

— Pas plus tard que samedi prochain.

Je trouvai le comité au grand complet, hommes et femmes en grande toilette, comme s'il se fût agi d'une soirée dansante.

Ces femmes coiffées en chapeau ou en fleurs, ces hommes en habit, ce grand tapis vert, ces regards de curiosité qui se fixaient sur moi, tout concourait à m'inspirer une émotion profonde. »

On lui fit répéter plusieurs scènes et il fut reçu par acclamation – non sans que certains, « vu les innovations que contenait cette tragédie », eussent demandé une seconde lecture…

Dans ses *Mémoires*, le comédien Samson nous donne une version probablement plus vraie de cette première lecture.

« Il lut mal son œuvre, mais il la fit comprendre et je ne tardai pas à être frappé du sentiment dramatique et du talent d'exécution qui se révélaient dès les premières scènes. Je me rapprochai du lecteur à qui je prêtai jusqu'au bout l'attention la plus sympathique. Quand Dumas se fut retiré dans le cabinet du directeur pour y attendre son jugement, je m'aperçus que mes collègues étaient loin de partager mes impressions favorables : on attaqua la pièce ; je la défendis mais je ne pus obtenir une réception complète, et il fut décidé qu'après corrections faites, une seconde lecture de *Christine* aurait lieu.

Quand on rapporta cette décision à Alexandre Dumas, il demanda s'il ne pourrait s'entendre avec un membre du comité pour les corrections demandées, et me désigna comme celui avec lequel il lui serait agréable d'entrer en rapport à cause de la très bienveillante attention que je lui avais prêtée comme auditeur… Il vint chez moi… Je l'assurai qu'au moyen de légères modifications que je lui indiquai, son ouvrage serait reçu, et c'est ce qui arriva en effet… »

Alexandre a bien senti, en cette troupe, en ce milieu conservateur, des réticences, voire des résistances. Mais après tout, *Christine à Fontainebleau* respecte les règles dramatiques. Il se persuade qu'il a gagné – grâce à Taylor. Et le voilà parti à travers Paris, exultant. Le récit est si charmant qu'il faut lui rendre la parole :

« Je sortis du théâtre léger et fier, comme lorsque ma première maîtresse m'avait dit : "Je t'aime !" Je pris ma course vers le faubourg Saint-Denis, toisant tous ceux que je rencontrais, et ayant l'air de leur dire : "Vous n'avez pas fait *Christine*, vous ! Vous ne sortez pas du Théâtre-Français, vous ! Vous n'êtes pas reçu par acclamation, vous !" Et, dans ma préoccupation joyeuse, je prenais mal mes mesures pour sauter un ruisseau, et je tombais au milieu ; je ne voyais pas les voitures, et je me jetais dans les chevaux. En arrivant au faubourg Saint-Denis, j'avais perdu mon manuscrit ; mais peu m'importait ! Je savais ma pièce par cœur. »

Il va apprendre bientôt que mille intrigues se trament autour de son œuvre, que l'influent Picard, lui-même auteur de comédies, déclare telle de ses répliques « impossible » ; que l'illustre Mlle Mars fait des réserves – et du coup il fera tout pour qu'on lui offre le rôle de Christine... Les censeurs royaux dénoncent des « négligences ». Reçue finalement le 30 avril 1828, la pièce n'est toujours pas entrée en répétitions au milieu de l'été. Certes, elle a été dotée d'une distribution fastueuse : Mlle Mars et Firmin dans les deux rôles principaux. Mais après Taylor, pierre angulaire de l'entreprise, parti en voyage d'études, Mlle Mars prend ses vacances.

Et soudain, catastrophe : Alexandre apprend qu'une autre *Christine de Suède*, due à un certain Louis Brault, ancien préfet, ami du pouvoir, vient d'être elle aussi reçue et que, ledit Brault étant atteint d'un mal incurable et aux portes de la mort, « on » lui demande de... céder son tour : c'est la tragédie du moribond qui sera jouée. Avant la sienne ? Ou en place de la sienne ? Comment ne pas se persuader que la Comédie ne représentera pas deux *Christine* en quelques mois ?

Deux ? Pire encore : son ami Frédéric Soulié a lui aussi mis à exécution le projet élaboré en commun devant le bas-relief de Mlle de Fauveau, et écrit sa propre histoire de la reine suédoise, présentée et reçue à l'Odéon, et qui y sera jouée, dans le rôle titre, par l'irrésistible Mlle George...

Désastre ? Alexandre est frustré, cruellement, du triomphe tout proche. Il a perdu cette bataille de Suède – dans un premier temps. Ce grand diable au regard flamboyant ne sera pas tout à fait célèbre à vingt-six ans. Encore un instant, monsieur le conquérant, encore un instant. Mais vous savez que vous avez conquis l'estime de Taylor après celle de Nodier, que vous avez désormais un « gage » à la Comédie-Française, que l'on vous doit une réparation…

L'entrée en gloire ne passera pas par la monarchie suédoise, mais par la française. Nous avons vu pourtant que, jetée dans les tiroirs, la reine suédoise au long couteau renaîtra de ses déboires, et que, révisée par Hugo et Vigny[26], ranimée, et même fâcheusement rallongée, elle entrera au répertoire, fera vibrer des salles et figurera parmi les drames dont est faite la gloire d'Alexandre Dumas.

Ce n'est qu'après le triomphe d'*Henri III*, après même la rédaction d'une première version d'*Antony*, que Dumas se décida à reprendre la pauvre *Christine*, au cours d'un voyage au Havre et à la demande de Virginie Bourbier, devenue sa maîtresse après avoir joué, on l'a dit, un rôle de soubrette dans *Henri III et sa cour*, et qui veut y paraître.

Reprendre, ou refaire ? La première version de la pièce est justement intitulée *Christine à Fontainebleau*. La seconde, *Christine, ou Stockholm, Fontainebleau et Rome* – ce qui, du point de vue de l'histoire, se justifie, mais moins du point de vue de la dramaturgie. Ces déplacements et changements de perspectives et d'époques lui font perdre de sa force. En revanche, on peut trouver savoureux tel ou tel nouveau personnage, notamment celui – écrit pour Virginie Bourbier – de la petite Paula, amoureuse de Monaldeschi, qui est selon Alexandre le meilleur apport de la nouvelle version.

---

[26] *Cf.* chapitre V.

Reprenons quelques points. La *Christine* de Louis Brault a été donnée au Théâtre-Français après la mort du malheureux – qui eut au moins la chance de ne pas être témoin de son insuccès… Celle de Frédéric Soulié, le rival de la première heure, a paru à l'Odéon, le théâtre que dirige Harel, sans recevoir un meilleur accueil. Et entre-temps, nous allons le voir, Alexandre Dumas est devenu l'auteur acclamé d'*Henri III et sa cour*.

Le moment n'est-il pas venu de ranimer la pauvre *Christine*, de l'arracher aux limbes où, d'abord si accueillant, le cher baron Taylor l'a, malgré lui, laissée choir ? Les démarches du dramaturge au Français restent sans grand succès. On reparle de la censure, de retouches à faire, de nouvelle lecture devant le comité : Dumas regimbe.

C'est alors qu'intervient Harel, qui propose à Alexandre de reprendre sa *Christine* pour l'Odéon, avec les mêmes acteurs que ceux qui ont interprété celle de Soulié, dont Mlle George, de qui vient l'idée… Dumas se cabre d'abord : se glisser ainsi dans les pas de son ami malheureux… Une lettre de celui-ci le rassure : « Ramasse les morceaux de ma *Christine*, jette-les dans la hotte du chiffonnier, et fais ta pièce ! »

Surgit alors une autre idée de Charles Harel : mettre *Christine* en prose… À lire aujourd'hui le texte, on est tenté de donner raison à l'homme-au-cochon[27]… Mais on imagine la réaction de l'auteur, qui pour n'être pas poète, n'en est pas moins assuré de son génie…

C'est bien en alexandrins, malgré Harel, qu'Alexandre allait faire entendre sa pièce (désormais *Christine, ou Stockholm, Fontainebleau et Rome*). Si toutefois la censure n'y voyait pas malice.

---

[27] Paula à Monaldeschi :

> *Ô garde-moi, je serai ta servante*
> *Tout ce qu'un amour pur et délirant invente*
> *Des bonheurs, oui, pour toi, je les inventerai*
> *Quand tu me maudiras, moi je te bénirai.*

Mais, en ces années où le trône de Charles X paraissait quelque peu vacillant, elle redoublait de vigilance. Comment M. Dumas ose-t-il mettre ces mots dans la bouche d'une reine : « La couronne ? C'est un hochet royal trouvé dans mon berceau… », mots qui mettent en cause la légitimité, le droit divin, la stabilité monarchique ? C'est bien le moment ! Et comment tolérer la mention faite du don de ladite couronne par Christine à Olivier Cromwell, ce républicain, qui au surplus la fait fondre – dût-il s'agir d'une vérité historique ? Pourquoi ne pas transformer le trône en canapé ?

Mais la censure n'était pas de taille à briser l'élan, l'impétuosité d'Alexandre. Le drame romantique, après avoir conquis la Comédie-Française, s'apprête à franchir la Seine pour prendre d'assaut l'Odéon où règne la déesse George, qui sera Christine, face à l'excellent Lockroy, un Monaldeschi de bonne prestance.

Si l'on en croit Dumas, la répétition générale, le 30 mars 1830, souleva l'« enthousiasme ». Ce qui est un peu simplifier, ou embellir les choses, semble-t-il. Si les scènes de la deuxième partie, « Fontainebleau », allèrent aux nues, la troisième partie, « Rome[28] » où sous des voûtes sinistres se retrouvent, blanchis, les protagonistes, tomba à plat. Comme quoi le théâtre de Dumas est « une force qui va ». Privé de fureur agissante, ramené à la rétrospective ou à la méditation, il s'étiole. Et comme ce n'est pas la qualité de la prosodie qui peut le sauver…

Le rideau tombé, et lui tout de même acclamé, Alexandre, sortant de sa loge, se heurte à Soulié, l'ami devenu rival malheureux, qui le prend dans ses bras : « Tu as eu raison de faire ta *Christine* seul. Il y a des faiblesses, mais c'est une admirable chose… Tu tiendras un jour tout le théâtre ! Mais prends garde, une cabale est organisée contre ta pièce : on va, demain

---

[28] C'est à Rome que Christine, convertie au catholiscisme, acheva sa vie.

soir, te secouer d'importance ! S'il te reste cinquante places de parterre à distribuer, donne-les-moi ; je viendrai avec tous mes ouvriers[29], et nous te soutiendrons ! »

Qui n'admirerait la générosité de cet homme qui, sifflé trois ou quatre mois auparavant, dans la même salle et sous le même titre, demandait des places à son rival pour soutenir une pièce dont le succès devait d'autant mieux faire ressortir la chute de la sienne ? Mais qui ne goûterait l'autre forme de générosité, celle dont témoigne Dumas qui, ainsi sollicité par le confrère qu'il a inévitablement humilié, n'hésite pas une seconde à mettre entre ses mains l'arme assez redoutable de la « claque », qui peut se retourner contre lui... Jolie conclusion d'Alexandre : « Nous étions peut-être ridicules, mais à coup sûr nous étions bons... »

Le lendemain, la bataille fut rude. Citons l'auteur des *Mémoires* :

« Frédéric ne m'avait pas menti ; on avait organisé – qui cela ? Je ne m'en doute même pas ; peut-être n'était-ce dû qu'à la haine qu'on nous[30] portait – la plus rude cabale qu'on eût jamais vue. Comme d'habitude, j'assistais à ma première représentation dans une loge ; je ne perdis donc rien des incidents de cette terrible bataille qui dura sept heures, et dans laquelle, dix fois terrassée, la pièce se releva toujours, et finit, à deux heures du matin, par mettre le public, haletant, épouvanté, terrifié, sous son genou... C'est une grande et magnifique lutte que celle du génie de l'homme contre la volonté mauvaise du public, la haine des ennemis ! Il y a une satisfaction immense à sentir, aux endroits dramatiques, l'opposition plier sur les jarrets, et, lentement renversée en arrière, toucher la terre de sa tête vaincue !

---

[29] Soulié était aussi patron d'une usine.
[30] Aux champions du théâtre romantique, Hugo, Vigny et lui.

Il est impossible de rendre, après tel monologue sifflé, de rendre l'effet de l'arrestation de Monaldeschi ; toute la salle éclata rugissante d'applaudissements... lesquels se convertirent en bravos frénétiques, quand on le vit, blessé déjà, sanglant, se traînant bas, et rampant aux pieds de la reine, qui, malgré ses supplications et ses prières, prononça ce vers, jugé *impossible* par les premiers lecteurs :

Eh bien, j'en ai pitié, mon père... Qu'on l'achève ! »

Chapitre VII

Alexandre en sa cour : le triomphe

De l'anecdote à l'histoire ? ✦ Un livre entr'ouvert…
✦ « Héroï-histori-romanti-shakespearique » ✦
« Vous m'en rendrez raison ! » ✦ Un parterre d'Altesses ✦
Le gantelet de fer ✦ Un dialogue de rois…
✦ Tandis que ma mère agonise ✦ Chef d'école ?

Alexandre a bel et bien choisi désormais de faire de l'histoire, à quelque niveau que ce soit, la moelle de son œuvre – qui ne saurait être, dans son esprit, que dramatique. Son ami Lassagne lui a signalé ces sources incomparables que sont Joinville et Froissart, l'Estoile et des Ursins, Retz et Saint-Simon. Frédéric Soulié, en bon rival, a avivé cette ambition, à laquelle de grands maîtres, Hugo, Vigny, donnent des lettres de noblesse en se mesurant à des sujets de même type.

C'est par le biais de l'anecdote quasi-exotique, on l'a vu, que Dumas est entré dans cette carrière : histoires mélodramatiques de Suédoise et d'Italiens, des glaces du Nord aux catacombes romaines… Qu'elle soit de France, d'Angleterre ou d'Espagne, l'histoire n'est-elle pas porteuse de leçons, ou même d'épisodes plus grandioses – Philippe le Bel et les Templiers, l'empereur Henri à Canossa, Louis XI et le Téméraire, Charles Quint calfeutré en son Escurial, le Tasse et sa folie ? Le hasard va en décider autrement, et confronter Dumas soudain au très étrange conflit qui oppose deux des trois Henri côtoyés par Montaigne – le Valois, le Guise et le Béarnais.

Le hasard ? Si l'on en croit Alexandre – il faut constamment se reporter à lui, non sans risque : il est si savoureux, et si attachant ! – la chance joua ici un rôle déterminant. Alors que l'auteur de *Christine*, quelque peu dépité par le délai – sinon pire – imposé à sa pièce, vaque ou divague dans les bureaux du duc d'Orléans où l'on envisage opportunément de lui confier un rôle de bibliothécaire, il avise sur une table un volume entr'ouvert de l'*Histoire de France* de l'abbé Anquetil, où il apparaît que cet homme d'Église ne craignait pas d'aborder les sujets croustillants. Et Alexandre de lire, abasourdi :

« Quoique attaché au roi, et, par état, ennemi du duc de Guise, Saint-Mégrin n'en aimait pas moins la duchesse, Catherine de Clèves, et on dit qu'il en était aimé. L'époux, indifférent sur l'infidélité réelle ou prétendue de sa femme, résista aux instances que les parents lui faisaient de se venger, et ne punit l'indiscrétion ou le crime de la duchesse que par une plaisanterie. – Il entra, un jour, de grand matin, dans sa chambre, tenant une potion d'une main et un poignard de l'autre : "Déterminez-vous, madame, lui dit-il d'un ton de fureur, à mourir par le poignard ou par le poison !" En vain demande-t-elle grâce, il la force de choisir ; elle avale le breuvage et se met à genoux, se recommandant à Dieu, et n'attendant plus que la mort. Une heure se passe dans ces alarmes ; le duc, alors, rentre avec un visage serein, et lui apprend que ce qu'elle a pris pour du poison est un excellent consommé. Sans doute cette leçon la rendit plus circonspecte par la suite. »

Voilà qui incite à aller plus loin ! Instruit par Lassagne, Alexandre se réfère aux *Mémoires* de l'Estoile, plus éloquent encore :

« Saint-Mégrin, jeune gentilhomme bordelais, beau, riche, l'un des mignons fraisés du roi, sortant à onze heures du soir du Louvre, où le roi était… fut chargé de coups de pistolet, d'épée et de coutelas, par vingt ou trente hommes inconnus qui le laissèrent sur le pavé pour mort ; comme aussi mourut-il le jour ensuivant, et fut merveilles comme il put en vivre étant atteint de trente-quatre ou trente-cinq coups mortels.

De cet assassinat, n'en fut fait aucune instance, Sa Majesté étant bien avertie que le duc de Guise l'avait fait faire pour le bruit qu'avait ce mignon d'entretenir sa femme, et que celui qui avait fait ce coup portait la barbe et la contenance du duc du Maine, son frère. Les nouvelles venues au roi de Navarre[31], il dit : "Je sais bon gré au duc de Guise, mon cousin, de n'avoir pu souffrir qu'un mignon de couchette, comme Saint-Mégrin, le fît cocu ; c'est ainsi qu'il faudrait accoutrer tous les autres petits galants de cour qui se mêlent d'approcher les princesses pour les mugueter et leur faire l'amour…" »

Alexandre entrevoit déjà son sujet. Mais il tombe sur un autre passage éloquent des *Mémoires* de l'Estoile :

« Le mercredi 19 (août), Bussy d'Amboise, premier gentilhomme de M. le duc, gouverneur d'Anjou, qui faisait tant le grand et le hautain à cause de la faveur de son maître, et qui tant avait fait de maux et pilleries en pays d'Anjou et du Maine, fut tué par le seigneur de Monsoreau, ensemble avec lui le lieutenant criminel de Saumur, en une maison dudit seigneur de Monsoreau,

---

[31] Le futur Henri IV, bien sûr…

où, la nuit, ledit lieutenant, qui était son messager d'amour, l'avait conduit pour coucher, cette nuit-là, avec la femme dudit Monsoreau, à laquelle Bussy dès longtemps faisait l'amour, et auquel ladite dame avait donné exprès cette fausse assignation pour le faire surprendre par Monsoreau, son mari... »

Commentaire d'Alexandre Dumas : « C'est avec ce paragraphe relatif à Bussy, et le paragraphe relatif à Saint-Mégrin, que j'ai fait mon drame. »

S'agissant des traits de mœurs du temps, M. Villenave – le père de sa maîtresse, Mélanie – lui fit lire deux livres éloquents : *La Confession de Sancy* et *L'Île des Hermaphrodites*.

On s'en voudrait de ne pas citer la réflexion que propose ici Alexandre :

« C'est à propos d'*Henri III* qu'il est facile de voir que la faculté dramatique est innée chez certains hommes. J'avais vingt-cinq ans[32] ; *Henri III* était ma seconde œuvre sérieuse : qu'un critique consciencieux la prenne et la soumette au plus sévère examen, il y trouvera tout à reprendre comme style, rien comme plan. J'ai donné cinquante drames depuis *Henri III*, aucun n'est plus savamment fait. »

Le temps, nous dit Molière, ne fait rien à l'affaire – s'agissant surtout de Dumas qui vous troussait un acte en une nuit... Il avoue ici avoir mis deux mois à « exécuter » *Henri III*, son plan fait – qu'il tient pour l'essentiel de la pièce. Il choisit de la lire d'abord chez Mélanie Waldor. Lecture qui fit, précise-t-il, « grand effet ». Mais ses amis lui suggérèrent de faire jouer d'abord *Christine*, tant le texte d'*Henri* était hardi. Les situations

---

[32] Vingt-sept...

surtout étaient trop provocantes, la monarchie trop brocardée, pour qu'un débutant n'en pâtisse.

Alexandre ne se résigne pas à faire patienter son *Henri*, en attendant *Christine*. Il sait qu'il a maintenant des amis dans la presse qui tentent de supplanter *Le Constitutionnel* et *Le Journal des débats* – au *Figaro*, au *Sylphe*, les Alphonse Karr, les Nestor Roqueplan…

Ce dernier invite chez lui, pour une autre lecture, les confrères de son bord, auxquels Dumas joint pour sa part l'acteur Firmin, qu'il apprécie entre tous pour sa conduite dans la bataille de *Christine*, et son cher Lassagne. Lecture convaincante : chacun s'accorde à dire maintenant qu'*Henri III* ne doit pas attendre *Christine*, qu'il doit affronter d'abord le public. Et Lassagne de prendre Alexandre par le bras : « Avec *Christine*, vous n'aviez qu'à demi-raison. Cette fois, vous avez raison tout à fait ! »

Firmin se chargea d'en préparer une lecture au comité du Théâtre-Français, non sans réunir auparavant ses camarades chez lui, pour une séance à laquelle devait également participer Béranger, « le plus grand poète de l'époque », croit bon de préciser Dumas…

« L'effet de la lecture fut immense sur tout le monde, surtout sur les comédiens… Il fut décidé que, dès le surlendemain, jour de comité, on demanderait une lecture extraordinaire, et qu'en s'appuyant de la promesse qui m'avait été faite à propos de *Christine*, on obtiendrait un tour de faveur… La pièce fut lue le 17 septembre 1828, et reçue par acclamation. Après la lecture, on m'appela dans le cabinet du directeur… J'y trouvai Taylor, Mlle Mars, Michelot et Firmin. »

Ici, on se permettra de donner une brève leçon d'exactitude à notre dramaturge : Taylor était alors en voyage en Orient, et ne put contribuer, par sa présence, au mûrissement du projet. Mais Alexandre sait mieux que personne que le baron le soutient sans réserve et que, dès son retour, l'administrateur fera diligence pour mettre au point la représentation – qui s'annonce éclatante, en tout cas par le bruit fait alentour...

Là où le récit de Dumas ne semble pas contestable, c'est quand il évoque l'enthousiasme des acteurs. Charles Maurice, rédacteur du *Constitutionnel* fait état d'« un effet extraordinaire », assurant que : « le délire des acteurs a été grand à la réception de ce drame héroï-histori-romanti-shakespearique ».

Venant d'une telle publication, ouvertement hostile à Dumas et à ses amis, la formule a son prix, mais fait paraître les préventions qui vont inspirer la « couverture » par ce journal de ce qu'on pourrait appeler l'affaire *Henri III*... Et Dumas fut à coup sûr moins surpris qu'il ne le prétend en lisant quelques jours plus tard l'entrefilet suivant dans *Le Constitutionnel*, organe officiel du néo-classicisme, entrefilet dont la virulence désignait son auteur, le même Charles Maurice :

« Dans la pièce que vient de recevoir la Comédie-Française, ouvrage d'un écrivain qui a, nous assure-t-on, beaucoup de mérite, on voit des personnages honteusement liés au sujet (la cour d'Henri III) dont la nouvelle apparition sur la scène offre peut-être une preuve du talent de l'auteur, mais présente, à coup sûr, une inconvenance qu'il est impossible de tolérer. L'histoire a consacré les noms de ces misérables héros, de ces infâmes copartageants d'une débauche aussi crapuleuse qu'inexplicable ; nous pouvons donc risquer de les appeler par leur nom, et signaler à la réprobation du pouvoir ces rôles de *mignons* sur le scandale desquels on pourrait compter pour remuer la multitude...

Si les renseignements qu'on nous donne à ce sujet sont exacts, l'autorité, qui honore le théâtre de sa tutelle, ne souffrira pas une innovation[33] de cette nature. »

Dumas bondit :

« Sitôt lu cet article, je me munis d'une canne solide, et adressai à mon ami de la Ponce la phrase sacramentale :

— De la Ponce, prenez votre manteau et votre chapeau.

J'allai trouver cet homme avec d'autant plus de satisfaction que cet homme avait ses jours où il était brave : si un duel pouvait lui être utile, il se battait.

Je me nommai. — Il m'attendait, me dit-il, mais pas dans les dispositions où je me présentais chez lui.

Le *folliculaire* n'était pas dans son jour de courage ; il battit la campagne, nous parla de son influence au ministère, essaya de nous montrer les cadeaux du dernier jour de l'an, et finit, en somme, par nous offrir son influence près de M. de Martignac[34] *qui était son ami, et qui lui devait de l'argent.*

Je cite cette phrase comme un souvenir de l'impudence de cet homme.

Je lui dis que j'étais venu, non pas pour user de son influence, mais pour l'inviter à rétracter promptement et dans les meilleurs termes, son article du jour.

Le lendemain, son journal publiait la mise au point suivante :

"Nous serions désolé qu'on nous imputât des intentions bien éloignées de notre pensée, au sujet de notre petit article d'hier sur *Henri III*, nouvellement admis à la Comédie-Française. Nous n'avions pas de renseignements exacts sur ce point ; nous

---

[33] Dans un théâtre où la mythologie (fort laxiste) avait droit de cité ?
[34] Le ministre responsable.

en possédons maintenant, et nous pouvons rassurer nos lecteurs sur le ton, la délicatesse et le tact qui ont présidé à la mise en scène des personnages dont il était question. Cette manière de traiter le romantique est trop voisine du classique pour que nous la désapprouvions." »

Les seules fausses notes, dans la préparation d'*Henri III*, eurent trait à la distribution. Mlle Mars – qui avait tendance à regarder de haut ce jeune dramaturge de vingt-sept ans – avait bien voulu prendre le risque de jouer le rôle de la duchesse de Guise, assez différent à vrai dire de ses Andromaque et de ses Elvire, mais s'irritait que Dumas tienne tant à imposer, dans le rôle du page, une demoiselle de seize ans[35] qui ne lui semblait pas indifférente… Épisode qui fera planer une ombre sur les relations à venir entre la grande comédienne et Alexandre.

« Mais, relève dans ses *Mémoires* le comédien Samson, l'auteur, pendant les répétitions de son drame, s'était montré d'une affabilité et d'une modestie qui lui avaient gagné tous les cœurs. Je me souviens entre autres qu'une fois, les comédiens, n'étant pas d'accord entre eux sur un jeu de scène qu'il s'agissait de régler, allèrent chercher l'auteur qui causait gaiement dans le foyer. "Eh ! mes amis, leur dit-il, vous vous entendez mieux que moi à ces choses-là ; tout ce que vous ferez sera bien fait…" C'est le même homme qui, plus tard, crut devoir se parer avec orgueil du titre de *metteur en scène*. »[36]

Y-a-t-il quelque cruauté à citer une scène d'un ouvrage si manifestement fait pour la représentation scénique ? On s'y

---

[35] Virginie Bourbier, on l'a vu.
[36] Une fonction inconnue à l'époque.

hasarde, moins par taquinerie pour la gloire de Dumas que par souci documentaire. De l'acte I, scène III :

« La duchesse de Guise : … Comment se fait-il que je sois ici ?… Quelle est cette chambre ?… Marie !… Madame de Cossé !… Laissez-moi, monsieur de Saint-Mégrin, éloignez-vous…

— Saint-Mégrin : Madame, je me vois ici, je vous y trouve, je ne sais comment… Il y a de l'enchantement, de la magie.

— La duchesse de Guise : Je suis perdue !… moi qui jusqu'à présent vous ai fui, moi que déjà les soupçons de M. de Guise, mon seigneur et maître…

— Saint-Mégrin : M. de Guise !… mille damnations !… M. de Guise, votre seigneur et maître !… quand je pense que je pouvais vous connaître libre, être aimé de vous, devenir aussi votre seigneur et maître… Il me fait bien mal, M. de Guise ; mais que mon bon ange me manque au jour du jugement si je ne le lui rends pas…

— La duchesse de Guise : Monsieur le comte !… Mais enfin… où suis-je ? Dites-le-moi… Aidez-moi à sortir d'ici, à me rendre à l'hôtel de Guise, et je vous pardonne… Vous avez profité de son sommeil pour enlever une femme qui vous est étrangère, qui ne peut vous aimer, qui ne vous aime pas, monsieur le comte…

— Saint-Mégrin : Qui ne m'aime pas !… Ah ! madame, on n'aime pas comme j'aime, pour ne pas être aimé. J'en crois vos premières paroles, j'en crois…

— Joyeuse, *dans l'antichambre* : Vive Dieu !… nous sommes en sentinelle, et on ne passe pas…

— Le duc de Guise, *derrière le théâtre* : Tête-Dieu ! Messieurs, prenez garde, en croyant jouer avec un renard, d'éveiller un lion… »

Décidément, la stature de notre conquérant ne cesse de grandir. Il peut bien s'incliner pour sa *Christine*, au Théâtre-Français, devant un mourant : mais il sait faire plier l'insulteur de service de la plus influente feuille de Paris, et tenir tête à la *diva*...

Si imposant qu'il soit devenu, Alexandre n'est pas à l'abri du malheur : entre deux des dernières répétitions d'*Henri III*, on vient le prévenir que sa mère est frappée d'apoplexie... Vivante, mais inconsciente. Il se précipite, décidé à « chercher chez le coutelier une lancette pour la saigner moi-même au pied si le chirurgien tardait trop ». Marie-Louise Dumas se voit épargner cette expérience mais restera quelque temps paralysée – Alexandre lui faisant de très fréquentes visites, fût-ce, trois jours après l'accident, pendant la première représentation d'*Henri III*.

L'épreuve ne le retient pas de faire une démarche singulière auprès de son protecteur et employeur, le duc d'Orléans. Il court au Palais-Royal, et demande à être reçu. On l'introduit :

« Monseigneur, lui dis-je, c'est demain qu'on joue *Henri III*.
— Oui, qui ne le sait ?
— Eh bien, monseigneur, je viens vous demander d'assister à ma première représentation... Il y a un an qu'on dit à Votre Altesse que je suis un fou entêté et vaniteux ; il y a un an que je suis un poète humble et travailleur ; vous avez, sans m'entendre, donné raison à ceux qui m'accusaient... Demain, le procès se juge devant le public ; assistez au jugement, monseigneur.

Le duc me regarda un instant, et, voyant avec quelle tranquillité je soutenais son regard :
— Ce serait avec grand plaisir, monsieur Dumas... Si vous n'étiez pas un modèle d'assiduité, vous êtes un exemple de persévérance ; mais, malheureusement, cela m'est impossible. J'ai demain vingt ou trente princes et princesses à dîner.

— Monseigneur croit-il que ce ne serait pas un spectacle curieux à donner à ces princes et à ces princesses, que celui d'*Henri III* ?

— Comment ? On se met à table à six heures, et *Henri III* commence à sept.

— Que monseigneur avance son dîner d'une heure, je ferai retarder d'une heure *Henri III* ; monseigneur aura trois heures pour désaffamer ses augustes convives.

— Tiens ! C'est une idée, cela… Croyez-vous que le Théâtre-Français consente au retard ?

— Il sera trop heureux de faire quelque chose pour Son Altesse.

— Mais où les mettrai-je ? Je n'ai que trois loges.

— J'ai prié l'administration de ne pas disposer de la galerie, que je n'aie vu Votre Altesse.

— C'est bien. Allez le dire à Taylor… »

Et c'est ainsi qu'*Henri III* fut joué devant un parterre assez averti des choses de la Cour – les Orléans face aux Valois…

Devant quelques connaisseurs aussi de la chose littéraire : Hugo et Vigny n'ayant pas trouvé de places furent installés dans la loge réservée à la sœur d'Alexandre – faisant ainsi connaissance de l'auteur.

Comment ne pas laisser à notre Dumas le soin de raconter les plus grandes heures de sa vie, comparables à celles où, d'Artagnan, rapporte à la reine les ferrets de diamant ?

« La toile se leva. Je n'ai jamais éprouvé de sensation pareille à celle que me produisit la fraîcheur du théâtre venant frapper mon front ruisselant.

Le premier acte, en dépit d'une exposition froide et ennuyeuse, fut écouté avec bienveillance.

Je courus voir comment allait ma mère. »

Il ne peut guère être témoin du deuxième acte, qu'il entend tout de même, revenu en courant au théâtre, saluer d'« applaudissements nourris ».

Mais c'était le troisième acte qui devait décider du succès ou de l'échec, notamment la scène entre la duchesse et le duc, où l'on voit Guise forcer sa femme, en saisissant son poignet d'un gant de fer, à donner un rendez-vous à Saint-Mégrin. La violence physique de cette scène trouvera-t-elle grâce auprès du public ?

« La scène souleva des cris d'horreur, mais, en même temps, des tonnerres d'applaudissements : c'était la première fois qu'on voyait aborder au théâtre des scènes dramatiques avec cette franchise, je dirais presque avec cette brutalité… »

Presque !

« À partir du quatrième acte jusqu'à la fin, ce ne fut plus un succès, ce fut un délire croissant : toutes les mains applaudissaient, même celles des femmes[37]. Madame Malibran, qui n'avait trouvé de place qu'aux troisièmes, penchée tout entière hors de sa loge, se cramponnait de ses deux mains à une colonne pour ne pas tomber.

Puis, lorsque Firmin reparut pour nommer l'auteur, l'élan fut si unanime que le duc d'Orléans lui-même écouta debout et découvert le nom de son employé, qu'un succès, sinon des plus mérités, au moins des plus retentissants de l'époque, venait de sacrer poète. »

---

[37] Notation bien étrange, venant à la fois d'un dramaturge et d'un ami des dames.

Dans ses *Conversations avec Eckermann*, Goethe assure qu'*Henri III* est « surtout fait pour les yeux » (Alexandre Dumas, précurseur du cinéma ?). Taylor en avait eu conscience, engageant des dépenses hors du commun, confiant les décors à Ciceri, le meilleur spécialiste de l'époque, les costumes à Duponchel. On comprend pourquoi, prié de dédier son ouvrage au duc d'Orléans, Alexandre Dumas préférera choisir pour dédicataire le baron Taylor : « À celui qui m'a ouvert la carrière et qui, de protecteur, est devenu mon ami. »

« C'est un de ces succès qui font époque ; on n'en a pas vu de semblable depuis *Le Mariage de Figaro* », écrit dans son journal, Joanny, interprète du duc de Guise.

La presse entière dut reconnaître le triomphe obtenu par Dumas. « Depuis longtemps il n'y avait pas eu à la Comédie-Française un triomphe si complet et de si bon aloi », écrivait *Le Journal des débats*. « Succès étourdissant », selon *Le Mentor*. Et *Le Corsaire*, malgré sa haine pour le romantisme : « Succès colossal et qui probablement obtiendra cent représentations. » Pour *L'Écho de Paris*, qui situe le jeune auteur au nombre des maîtres, c'est « le succès de l'époque ». « Dumas nous semble appelé à faire école. »

Le bruit se répandit à la fin de la représentation que la pièce était trop impertinente envers la monarchie et serait retirée « par ordre », ou promise à beaucoup de modifications. *La Gazette* alerta le public royaliste : « Tandis qu'on dépouille la royauté à la tribune, on l'avilit sur la scène dans la personne des Valois. Ces deux combinaisons tiennent au même système. »

On fit rapport à Charles X que l'auteur faisait jouer à Henri III un rôle indigne. Le roi demanda à Martignac, ministre de l'Intérieur, d'intervenir. Lequel convoqua Dumas chez lui, à sept heures du matin, comme l'avait fait le baron Taylor...

« À l'heure fixée, relate Alexandre, j'étais chez M. de Martignac. Oh, l'admirable chose qu'un ministre à la fois poli et spirituel… *Rara avis*… ! Nous restâmes une heure, non pas à causer de la pièce, mais à causer de toutes choses. En dix minutes, nous nous étions entendus sur la pièce et je remportai mon manuscrit, sauvé… »

Que la pièce ait rapporté à l'administration du théâtre cinq ou six mille francs par soirée ne nous dit pas grand-chose aujourd'hui. Le fait est qu'elle fut représentée quarante-trois fois au cours de l'année 1829, ce qui est exceptionnel.

On a suggéré déjà le succès de critique. Les tenants même du néo-classicisme soutenaient que la pièce restait plus ou moins « classique » et relevait d'un compromis entre les deux écoles. Des irréductibles, pourtant, dénonçaient soit les emprunts faits à Schiller ou à Shakespeare, soit la grossièreté des caricatures du roi Henri ou du duc de Guise, le « balafré ».

Mais on s'en voudrait de ne pas citer ici un auteur qui alors ne faisait pas autorité, mais qui nous importe fort aujourd'hui : Henri Beyle, dit Stendhal. Correspondant littéraire à Paris du *New Monthly Magazine* de Londres, il écrivait en juin 1829 :

« La plus séduisante des nouveautés dramatiques qui ont paru ici, c'est *Henri III et sa cour* de M. Alexandre Dumas. Cette pièce, dans le genre du *Richard II* de Shakespeare, représente la cour d'un monarque faible. Elle a sans doute de grands défauts : mais elle est néanmoins profondément intéressante et sa représentation peut être regardée comme l'événement littéraire le plus remarquable de cet hiver. »

Bigre ! En un temps où écrivaient Chateaubriand, Hugo, Lamartine, Vigny, Balzac… On sait que Stendhal avait pris le parti de Shakespeare contre Racine. Mais voir en Dumas des traits qui évoquent le maître d'*Othello* est déjà un éloge dont l'auteur ne fut probablement pas informé, mais qui reste à retenir.

Ce que relève la critique du temps, surtout attentive au respect ou à la violation des « règles » de la tragédie dont Racine est le modèle et Voltaire le maître d'école, c'est l'étonnant souffle de vie qui porte l'œuvre. Au-delà de tous les efforts, trucages, approximations historiques, montages de grand-guignol, au-delà de tout ce qui préfigure le fameux « cinéma d'art » du premier quart du XXᵉ siècle, il émane de ce formidable mélo une passion vraie – et celle que l'auteur porte à ses personnages, et celle qu'il voue à l'action dramatique, à la pulsion de vie théâtrale, et au public !

Son extraordinaire tempérament dramatique – qui paraît si intimement lié au jeu de la scène, à la chose théâtrale, gestes, voix, situations, et qui se retrouvera intact, quinze ans plus tard, dans le roman – jaillit ici comme un geyser, ou une flambée.

Et il y a aussi ce que relève très bien le critique Hippolyte Parigot, ce don de « communication avec l'imagination et avec l'âme du peuple », ce don de sympathie qui permet à Dumas de trouver le chemin à la fois des cœurs et des imaginations, à propos de personnages qui intéressent la sensibilité populaire, d'un certain fond culturel que chacun porte en lui – reines et brigands, seigneurs et manants – pour avoir entendu chanter sa nourrice ou lire l'instituteur…

Alexandre Dumas tire ainsi la conclusion de cette fabuleuse soirée du 10 février 1829 :

« Peu d'hommes ont vu s'opérer dans leur vie un changement aussi rapide que celui qui s'était opéré dans la mienne, pendant les quatre heures que dura la représentation d'*Henri III*.

Complètement inconnu le soir[38], le lendemain, en bien ou en mal, je faisais l'occupation de tout Paris.

Il y a contre moi des haines de gens que je n'ai jamais vus, haines qui datent du bruit importun que fit mon nom à cette époque…

Que de gens m'envièrent cette soirée, qui ne se doutaient guère que je passais la nuit à terre sur un matelas, près du lit de ma mère mourante !

Le lendemain, cette chambre était encombrée de bouquets : j'en avais couvert le lit de ma mère, qui les touchait de la main dont elle pouvait se servir, les approchant ou les écartant d'elle, sans savoir ce que voulaient dire toutes ces fleurs, et même, peut-être, sans savoir que c'étaient des fleurs. »

Le triomphe prend les formes les plus singulières. Le lendemain de la première représentation, le duc d'Orléans, qui y a joué le rôle que l'on sait, s'assied à nouveau dans une loge du Français où il invite Alexandre à venir le voir :

« — Savez-vous, monsieur, fit-il en riant, que vous avez failli me faire une très mauvaise affaire à moi ?

— Comment cela ?

— Le roi m'a envoyé chercher hier.

— Le roi ?

— Oui bien.

— Et à quel propos, monseigneur ?

— Mais à propos de votre drame.

— À propos d'*Henri III* ?

— "Savez-vous ce qu'on m'assure, *mon cousin*, m'a-t-il dit en appuyant sur le titre ; on m'assure qu'il y a dans vos bureaux un

---

[38] Peu connu, en tout cas…

jeune homme qui a fait une pièce où nous jouons un rôle tous les deux, moi celui d'Henri III, et vous celui du duc de Guise."

— Qu'a répondu Votre Altesse ?

— J'ai répondu : "Sire, on vous a trompé, pour trois raisons : la première, c'est que je ne bats pas ma femme ; la seconde, c'est que madame la duchesse d'Orléans ne me fait pas cocu ; la troisième, c'est que Votre Majesté n'a pas de plus fidèle sujet que moi." »

Commentaire de l'auteur des *Mémoires*, où paraît tout notre Dumas : « Décidément, la naissance ne donne que les principautés, c'est le talent qui donne les principats »…

Mais la gloire, puisque c'est désormais de gloire qu'il est question, avec ou sans principat, ne va pas sans épines. Si le duc d'Orléans a eu maille à partir avec le roi, Alexandre Dumas n'en a pas fini avec la critique. Le 11 février, il trouve sur son bureau la coupure d'un article qui le fait bondir : « Ce succès, tout grand qu'il est, n'a rien d'étonnant pour ceux qui savent de quelle façon se font les tripotages littéraires et politiques dans la maison d'Orléans. L'auteur est un petit employé aux gages de Son Altesse royale. »

Le mot de « gages » eut suffi : on ira sur le pré. Amédée de la Ponce est de nouveau convoqué, la rencontre fixée pour le surlendemain. L'ennui est que le folliculaire, qui a reconnu les faits, a déjà sur les bras une affaire avec un illustre confrère de Dumas, Armand Carrel, duelliste s'il en fut. Alexandre apprend un peu plus tard que son adversaire s'est bel et bien battu avec Carrel – qui de son arme lui a coupé deux doigts… D'où une visite courtoise au patient :

« Votre blessure était-elle grave, monsieur ?

— Non, j'en serai quitte pour deux doigts de la main droite ; il m'en reste trois pour vous écrire que je suis fâché de vous avoir été désagréable…

— Mais il vous reste aussi la main gauche pour me la donner, monsieur…

Nous ne nous sommes jamais revus depuis, et, comme je l'ai dit, j'ai complètement oublié son nom.

Et, singulière fantaisie du hasard, si cet homme n'avait pas eu une querelle avec Carrel, et si Carrel ne lui avait pas coupé deux doigts, c'est avec moi qu'il se battait, et il pouvait me tuer ou être tué par moi.

À quel propos, je vous le demande ? »

Si ce n'est pas de d'Artagnan, c'est bien d'Athos, ou d'Aramis…

Et voici donc notre Alexandre maître de Paris. En sept ans de démarches et de défis, de bureaux en cafés, de théâtres médiocres en scènes augustes, de lingère en bas-bleu, de gratte-papier en prince du sang, de vaudeville cynégétique en drame historique, il a pénétré, charmé, conquis Paris.

Il est un grand homme à la mode, un dramaturge virtuose, presque un écrivain. Il lui reste à se faire chef d'école, et citoyen.

CHAPITRE VIII

*Les lions d'*Hernani

Du Précurseur au Messie ✦ *Faute de* Marion Delorme,
Hernani ✦ *Mademoiselle Mars et son lion* ✦ « *Vous parlez
à Victor Hugo, madame !* » ✦ « *Vieil as de pique !* » ✦
Un troupeau de lions… ✦ *… et la tribu des glabres*
✦ *Alexandre s'est bien battu sous Victor…* ✦
… et rêve maintenant à l'Afrique

Il y a ceux qui s'emparent de la Bastille, et ceux qui siègent à la Convention. Ceux qui prennent les armes, et ceux qui font les lois. Il y a aussi ceux qui font et ceci, et cela.

Alexandre avait enlevé la forteresse ; restait à faire, à parfaire la révolution, tout entière contenue en son principe : la préface de *Cromwell* qui, dès 1827, avait permis à Hugo d'abattre les murailles du Temple classique et, à partir d'une poétique nouvelle, ouvert les voies au drame sans frontière et à la fougue d'Alexandre Dumas.

Les *Mémoires* résument bien la situation :

« La révolution poétique était à peu près faite par Hugo et par Lamartine ; mais la révolution dramatique était encore tout entière à venir.

Henri III venait franchement, hardiment, heureusement de commencer l'œuvre.

Aussi cette représentation fut-elle un grand encouragement pour Hugo.

Après la représentation, il me tendit la main.

— Ah ! m'écriai-je, me voici donc enfin des vôtres !

— Maintenant, me dit Hugo, à mon tour ! »

Pour qui aurait pu en douter, la revue de la jeunesse romantique *Le Sylphe* tint, en décembre 1829, dix mois après *Henri III* à mettre les choses au point. « C'est sur *Christine* et sur *Hernani* que repose en ce moment la question littéraire. Si ces deux dramies réussissent, la réforme sera accomplie… » (réforme ? Voilà un journaliste bien timide…)

L'ambition de Victor Hugo n'était jamais petite. Ici, elle prit une nouvelle ampleur. On lit dans la préface de *Marion Delorme* que ce que la France attend, c'est « un poète qui serait à Shakespeare ce que Napoléon est à Charlemagne ». Qui ne saurait être que lui, Hugo – quitte à voir, en Alexandre, un Pépin le Bref…

C'est *Marion Delorme* (intitulée d'abord *Un duel sous Louis XIII*) qui fut choisie par Hugo pour manifeste de l'art nouveau, avant *Henri III*. Comme le drame de la cour des Valois n'avait jeté ses feux que sur les cendres – provisoires – de *Christine*, *Hernani* surgit du rejet par le pouvoir de *Marion Delorme* où Dumas voyait s'accomplir ses rêves d'un théâtre nouveau. Mais elle fut jugée, par la censure de la dynastie agonisante, attentatoire à la fois aux bonnes mœurs et à la dignité des Bourbons.

Marion la scandaleuse écartée (après une entrevue accordée par le roi au poète le 7 août 1829), au désespoir de Taylor qui comptait renouveler, à propos des débordements de la cour de Louis XIII, le triomphe que lui avait valu ceux des « mignons » de *Henri III*, Victor Hugo demande au baron de lui donner quelques jours et – si l'on en croit Dumas – écrit aussitôt *Hernani* du 17 au 25 septembre suivant…

La lecture, au Français, fut triomphale : les déboires de la courtisane du Grand Siècle servait le bonheur du hors-la-loi du sud des Pyrénées. La censure ne se jugeait plus tenue de veiller au bon traitement des têtes couronnées : il ne s'agissait plus que des Habsbourg… Mais dès la lecture, on vit, comme lors de celles de *Christine* ou d'*Henri III*, se rembrunir les masques fameux de ceux et celles qui manifestaient depuis trente ans leur génie en jouant *Iphigénie*, *Horace* ou *Zaïre*. Presque tous, hormis celui du vieux Joanny. Et surtout, hélas, celui de Mlle Mars…

Le récit que propose Alexandre des répétitions d'*Hernani* et des rapports qui s'établirent alors entre le poète de vingt-huit ans, déjà illustre, certes, mais peu rompu aux ruses du théâtre, et la glorieuse tragédienne quinquagénaire – mais encore séduisante – est un joyau de l'histoire du théâtre. On ne se privera donc moins que jamais du plaisir de piller Alexandre :

« Il n'y avait pas au Théâtre-Français, de sympathie réelle pour la littérature romantique. Mlle Mars la première, malgré le splendide succès qu'elle venait d'obtenir dans la duchesse de Guise[39] –, ne regardait l'envahissement qui s'opérait que comme une espèce d'invasion de barbares à laquelle il fallait se soumettre en souriant.

Dans les caresses que nous faisait Mlle Mars, il y avait toujours les restrictions mentales de la femme violée.

Au fond, hormis Firmin, et Joanny, ils nous abhorraient.

Avec les répétitions commencèrent les déboires. Mlle Mars devait jouer doña Sol ; Joanny, Ruy Gomez ; Michelot, Charles Quint, et Firmin, Hernani.

---

[39] D'*Henri III et sa cour*.

J'ai dit que notre littérature n'était pas sympathique à Mlle Mars ; mais je dois ajouter ou plutôt répéter une chose, c'est que, comme Mlle Mars, au théâtre, était le plus honnête homme du monde, une fois la première représentation engagée, une fois que le feu des applaudissements ou des sifflets avait salué le drapeau – fût-il étranger – sous lequel elle combattait, elle se serait fait tuer plutôt que de reculer d'un pas ; elle aurait subi le martyre plutôt que de renier, nous ne dirons pas sa foi – notre école n'était pas sa foi –, mais son serment.

Seulement, pour en arriver là, il fallait passer par cinquante ou soixante répétitions, et ce qu'il y avait, pendant ces cinquante ou soixante répétitions, d'observations hasardées, de grimaces faites, de coups d'épingle donnés à l'auteur, c'était incalculable.

Il va sans dire que ces coups d'épingle pour le corps étaient bien souvent des coups de poignard pour le cœur...

Témoin ce qu'il advint à Hugo pour son *Hernani*.

Hugo et moi avons deux caractères opposés ; lui est froid, calme, poli, sévère, plein de mémoire du bien et du mal ; moi, je suis en dehors, vif, débordant, railleur, oublieux du mal, quelquefois du bien.

D'où, entre Mlle Mars et Hugo, des dialogues tout différents.

Au théâtre, en général, le dialogue entre l'acteur et l'auteur a lieu par-dessus la rampe, c'est-à-dire de l'avant-scène à l'orchestre ; de sorte que pas un mot n'en est perdu pour les trente ou quarante artistes, musiciens, régisseurs, comparses, garçons de théâtre, allumeurs et pompiers assistant à la répétition, toujours disposés à bien accueillir les épisodes destinés à les distraire de l'ennui que provoque la répétition, ne contribue pas peu à agacer les nerfs des interlocuteurs, et, par conséquent, à infiltrer une certaine aigreur dans les relations téléphoniques[40] qui s'établissent de l'orchestre au théâtre. »

---

[40] Joli, ce mot, en 1850.

(Ce qui va suivre est une des plus jolies scènes de l'histoire du théâtre, qui aurait enchanté Louis Jouvet et pour laquelle on donnerait quelques tirades du drame…)

« Au milieu de la répétition, Mlle Mars s'arrêtait tout à coup, s'avançait jusque sur la rampe, mettait la main sur ses yeux, et, quoiqu'elle sût très bien à quel endroit de l'orchestre se trouvait l'auteur, elle faisait semblant de le chercher.

— M. Hugo est-il là ?

— Me voici, madame, répondait Hugo en se levant.

— Ah ! très bien ! merci… Dites-moi, monsieur Hugo…

— Madame ?

— J'ai à dire ce vers-là :

Vous êtes mon lion superbe et généreux !

Est-ce que vous aimez cela, monsieur Hugo ?

— Quoi ?

— Vous êtes *mon lion* !…

— Je l'ai écrit ainsi, madame ; donc, j'ai cru que c'était bien.

— Alors, vous y tenez, à votre *lion* ?

— J'y tiens et je n'y tiens pas, madame ; trouvez-moi quelque chose de mieux, et je mettrai cette autre chose à la place.

— Ce n'est pas à moi à trouver cela : je ne suis pas l'auteur, moi.

— Eh bien, alors, madame, puisqu'il en est ainsi, laissons tout uniment ce qui est écrit.

— C'est qu'en vérité, cela me semble si drôle d'appeler M. Firmin *mon lion* !

— Ah ! parce qu'en jouant le rôle de doña Sol, vous voulez rester Mlle Mars ; si vous étiez vraiment la pupille de Ruy Gomez de Silva, c'est-à-dire une noble Castillane du XVIe siècle, vous ne verriez pas dans *Hernani* M. Firmin ; vous y verriez un de ces terribles chefs de bande qui faisaient trembler Charles Quint jusque dans sa capitale ; alors, vous comprendriez qu'une telle femme peut appeler un tel homme son *lion*, et cela vous semblerait moins drôle !

— C'est bien ! Puisque vous tenez à votre *lion*, n'en parlons plus. Je suis ici pour dire ce qui est écrit ; il y a dans le manuscrit : « Mon lion ! » je dirai : « Mon lion ! » moi… Mon Dieu ! cela m'est bien égal ! – Allons, Firmin !

Vous êtes mon lion superbe et généreux !

Et la répétition continuait.

Seulement, le lendemain, arrivée au même endroit, Mlle Mars s'arrêtait comme la veille ; comme la veille, elle s'avançait sur la rampe ; comme la veille elle mettait la main sur ses yeux, semblant chercher l'auteur.

— M. Hugo ? disait-elle de sa voix sèche, de sa voix, à elle ; de la voix de Mlle Mars, et non pas de Célimène. — M. Hugo est-il là ?

— Me voici, madame, répondait Hugo avec sa même placidité.

— Eh bien, avez-vous réfléchi ? Mais je veux parler de ce fameux hémistiche.

— Lequel ?

— Eh ! mon Dieu, vous savez bien lequel !

— Je vous jure que non, madame ; vous me faites tant de bonnes et justes observations, que je confonds les unes avec les autres.

— Je parle de l'hémistiche du *lion*…

— Ah ! oui : *Vous êtes mon lion* ! Je me rappelle…

— Eh bien, avez-vous trouvé un autre hémistiche ?

— Je vous avoue que je n'en ai pas cherché.

— Vous ne trouvez donc pas cet hémistiche dangereux ?

— Qu'appelez-vous dangereux ?

— J'appelle dangereux ce qui peut être sifflé.

— Je n'ai jamais eu la prétention de ne pas être sifflé.

— Soit ; mais il faut être sifflé le moins possible.

— Vous croyez donc qu'on sifflera l'hémistiche du *lion* ?

— J'en suis sûre !

— Alors, madame, c'est que vous ne le direz pas avec votre talent habituel.

— Je le dirai de mon mieux… Cependant, je préférerais…

— Quoi ?

— Dire autre chose… Dire – et Mlle Mars avait l'air de chercher le mot, que, depuis trois jours, elle mâchait entre ses dents –, dire, par exemple… heu… heu… heu…

Vous êtes, monseigneur, superbe et généreux !

Est-ce que *monseigneur* ne fait pas le vers comme *mon lion* ?

— Si fait, madame ; seulement, *mon lion* relève le vers, et *monseigneur* l'aplatit. J'aime mieux être sifflé pour un bon vers qu'applaudi pour un méchant.

— C'est bien, c'est bien !… Ne nous fâchons pas… On dira votre *bon vers* sans y rien changer ! – Allons, Firmin, mon ami, continuons…

Vous êtes mon lion superbe et généreux !

Il est bien entendu que, le jour de la première représentation, Mlle Mars, au lieu de dire : "Vous êtes mon lion !" dit : "Vous êtes, monseigneur !"

Le vers ne fut ni applaudi ni sifflé : il n'en valait plus la peine.

Un peu plus loin, Ruy Gomez, après avoir surpris Hernani et doña Sol dans les bras l'un de l'autre, fait à l'annonce de l'entrée du roi, cacher Hernani dans une chambre dont la porte est masquée par un tableau.

Alors, commence la fameuse scène connue sous le nom de *scène des portraits*, scène qui a soixante et seize vers, scène qui se passe entre don Carlos et Ruy Gomez, scène que doña Sol écoute muette et immobile comme une statue, scène à laquelle elle ne prend part qu'au moment où le roi veut faire arrêter le duc, et où, arrachant son voile et se jetant entre le duc et les gardes, elle s'écrie :

> *Roi don Carlos, vous êtes*
> *Un mauvais roi !...*

Ce long silence et cette longue immobilité avaient toujours choqué Mlle Mars. Il en résultait que la pauvre doña Sol ne savait que faire de sa personne pendant ces soixante et seize vers.

Un jour, elle résolut de s'en expliquer avec l'auteur.

— Vous êtes là, monsieur Hugo ?

— Oui, madame.

— Ah ! bien !... Rendez-moi donc un service.

— Avec grand plaisir... Lequel ?

— Celui de me dire ce que je fais là, moi.

— Où cela ?

— Mais sur le théâtre, pendant que M. Michelot et M. Joanny causent ensemble.

— Vous écoutez, madame.

— Ah ! j'écoute... Je comprends ; seulement, je trouve que j'écoute un peu longtemps... Ne pourriez-vous pas la raccourcir, cette scène, d'une vingtaine de vers ?

— Impossible, madame !

— Ou, tout au moins, faire que j'y prenne part d'une façon quelconque ?

— Mais vous y prenez part naturellement, par votre présence même. Il s'agit de l'homme que vous aimez ; on débat sa vie ou sa mort ; il me semble que la situation est assez forte pour que vous en attendiez impatiemment mais silencieusement la fin.

— C'est égal... c'est long !

— Je ne trouve pas, madame.

— Bon ! n'en parlons plus... Mais, certainement, le public se demandera : "Que fait donc là Mlle Mars, la main sur sa poitrine ? Ce n'était pas la peine de lui donner un rôle pour la faire tenir debout, un voile sur les yeux, et sans parler, pendant toute une moitié d'acte !"

— Le public se dira que, sous la main, non pas de Mlle Mars, mais de doña Sol, son cœur bat ; que, sous le voile, non pas de Mlle Mars, mais de doña Sol, son visage rougit d'espérance ou pâlit de terreur ; que, pendant le silence, non pas de Mlle Mars, mais de doña Sol, l'amante d'Hernani amasse dans son cœur l'orage qui éclate par ces mots, médiocrement respectueux d'une sujette à son seigneur :

> *Roi don Carlos, vous êtes*
> *Un mauvais roi !*

et, croyez-moi, madame, cela suffira au public.

— C'est votre idée, soit ! Au fait, je suis bien bonne de me tourmenter ainsi… Ce n'est pas moi qu'on sifflera… »

Du coup, Hugo parle de retirer le rôle à la diva.

« Mais, enfin, pourquoi me le reprenez-vous ?

— Parce que je crois m'apercevoir d'une chose, madame : c'est que, quand vous me faites l'honneur de m'adresser la parole, vous paraissez ignorer complètement à qui vous parlez.

— Comment cela, monsieur ?

— Oui, vous êtes une femme d'un grand talent, je sais cela… mais il y a une chose dont, je le répète, vous semblez ne pas vous douter, et que, dans ce cas, je dois vous apprendre : c'est que, moi aussi, madame, je suis un homme d'un grand talent : tenez-vous le donc pour dit, je vous prie, et traitez-moi en conséquence. Je sais que vous jouerez admirablement bien le rôle, madame ; mais je sais aussi que, depuis le commencement des répétitions, vous êtes fort impolie envers moi ; ce qui est indigne, à la fois et de Mlle Mars et de M. Victor Hugo…

Moyennant quoi, le soir de la première, elle joua admirablement le rôle…

Cette première représentation était pour le parti une affaire importante. J'avais gagné le Valmy de la révolution littéraire ; il s'agissait pour Hugo d'en gagner le Jemmapes[41], et, alors, l'école nouvelle était lancée sur la voie des victoires. »

La formule de Dumas peut donner à penser qu'il faisait peu de cas du *More de Venise*[42] de Vigny qui, représenté quelques mois après *Henri III*, quelques mois avant *Hernani*, eut part lui aussi à la grande offensive du « nouveau théâtre ». Mais il est vrai que dans l'esprit du public de ces années-là, les deux batailles décisives pour l'entrée en gloire du théâtre romantique furent *Henri III* et *Hernani*, et les deux chefs de guerre Dumas et Hugo.

Les *Mémoires* d'Alexandre Dumas consacrent une place assez modeste à cette bataille d'*Hernani* qui est le type même du « morceau de bravoure » pour un écrivain de tempérament comme lui. On ne peut croire qu'il éprouva de l'humeur à voir son illustre compagnon soulever plus d'orages encore que lui, « faire événement » plus encore avec *Hernani* que lui avec *Henri III*. Ce ne serait pas digne de sa générosité si souvent démontrée, et de ce qu'on pourrait appeler son « esprit d'équipe » : il s'agissait si évidemment d'une bataille commune ! Et il était au surplus assuré de la supériorité du génie de Hugo ! Ce qui ne le retient pas de prétendre que si *Hernani* est un ouvrage plus remarquable par la forme, *Henri III* est plus fort par le fond…

Le récit des *Mémoires* d'Alexandre, qui parle d'une soirée orageuse et insiste surtout sur les malentendus, (« on attaquait

---

[41] La seconde bataille mythique de la révolution, en 1793.
[42] D'après *Othello* de Shakespeare.

sans avoir entendu, on défendait sans avoir compris »), illustre cette assertion d'une jolie anecdote :

« Au moment où Hernani apprend de Ruy Gomez que celui-ci a confié sa fille à Charles V, il s'écrie : *Vieillard stupide, il l'aime !*

M. Parseval de Grandmaison, qui avait l'oreille un peu dure, entendit "Vieil as de pique, il l'aime", et, dans sa naïve indignation, il ne put retenir un cri :

— Ah ! pour cette fois, c'est trop fort ! »

Le plus drôle, en l'occurrence, n'est pas la bévue du vieillard mais la riposte que lui fait son voisin, un ami de Dumas nommé Lassailly :

« Qu'est-ce qui est trop fort, monsieur ?

— Je dis, monsieur, reprit l'académicien, qu'il est trop fort d'appeler un vieillard respectable comme l'est Ruy Gomez de Silva, "vieil as de pique !", surtout de la part d'un jeune homme comme Hernani.

— Monsieur, répondit Lassailly, il en a le droit, les cartes ont été inventées sous Charles VI, monsieur l'académicien ! Si vous ne savez pas cela, je vous l'apprends, moi… Bravo pour le vieil as de pique ! Bravo Firmin ! Bravo Hugo ! Ah !… »

Et Dumas de glisser, au passage, que « *Hernani* eut un grand succès, mais plus matériellement contesté que celui d'*Henri III*… »

On peut préférer, à cette évocation de la soirée fameuse, celle de Louis Reybaud, dans *Jérôme Paturot à la recherche d'une position sociale*, qui date de 1842 :

« Je n'ai pas toujours été, me dit l'honnête bonnetier, tel que vous me voyez, avec mes cheveux ras, mon teint fleuri et mes joues prospères. Moi aussi, j'ai eu la physionomie dévastée et une chevelure renouvelée des rois mérovingiens. Oui, monsieur, j'étais chef de claque à *Hernani*, et j'avais payé vingt francs ma stalle de balcon. Dieu ! quel jour ! Quel beau jour ! Il m'en souvient comme si c'était hier. Nous étions là huit cents jeunes hommes qui aurions mis en pièces M. de Crébillon père, ou La Harpe, ou Lafosse, ou n'importe quel autre partisan des unités[43], s'ils avaient eu le courage de se montrer vivants dans le foyer. Nous étions les maîtres, nous régnions, nous avions l'empire !

Jamais bataille rangée ne fut conduite avec plus d'ensemble, enlevée avec plus de vigueur. Il fallait voir nos chevelures : elles nous donnaient l'aspect d'un troupeau de lions. Montés sur un pareil diapason, nous aurions pu commettre un crime : le ciel ne le voulut pas. Mais la pièce, comme elle fut accueillie ! Quels cris ! quels bravos ! quels trépignements ! Monsieur, les banquettes de la Comédie-Française en gardèrent trois ans le souvenir. Dans l'état d'effervescence où nous étions, on doit nous savoir quelque gré de ce que nous n'avons pas démoli la salle. Toute notion du droit, tout respect de la propriété semblaient éteints dans nos âmes. Dès la première scène, ce fut moi qui donnai le signal sur ces deux vers :

> *Et reçoit tous les jours, malgré les envieux,*
> *Le jeune amant sans barbe à la barbe du vieux.*

Depuis ce moment jusqu'à la chute du rideau, ce ne fut qu'un roulement. Quand Charles Quint s'écria :

> *Croyez-vous donc qu'on soit si bien dans cette armoire ?*

---

[43] Les trois unités de la tragédie classique.

La salle ne se possédait déjà plus. Elle fut enlevée par la scène des tableaux, et le fameux monologue l'acheva. Si le drame avait eu six actes, nous tombions tous asphyxiés. L'auteur y mit de la discrétion ; nous en fûmes quittes pour quelques courbatures. »

Plus célèbre encore, mais moins savoureux, est le récit de Théophile Gautier, qui fut un témoin éclatant de cette soirée, du fait du gilet rouge qu'il arborait comme pour donner une signification plus révolutionnaire à l'événement. On peut certes contester l'argument qu'il avance dans son *Histoire du romantisme* : « Cette action de se produire dans une salle de spectacle où se trouve rassemblé ce qu'on appelle *tout Paris* avec des cheveux aussi longs que ceux d'Albert Dürer et un gilet aussi rouge que la *muleta* d'un *torero* andalou, exige un autre courage et une autre force d'âme que de monter à l'assaut d'une redoute hérissée de canons… » Mais le récit de la soirée a du ton, et sonne juste :

« 25 février 1830 ! Cette date reste écrite dans le fond de notre passé en caractères flamboyants : la date de la première représentation d'*Hernani* ! Cette soirée décida de notre vie ! Là nous reçûmes l'impulsion qui nous pousse encore après tant d'années et qui nous fera marcher jusqu'au bout de la carrière. Bien du temps s'est écoulé depuis, et notre éblouissement est toujours le même[44].

L'orchestre et le balcon étaient pavés de crânes académiques et classiques. Une rumeur d'orage grondait sourdement dans la salle, il était temps que la toile se levât : on en serait peut-être venu aux mains avant la pièce, tant l'animosité était grande de part et d'autre. Enfin les trois coups retentirent. Le rideau se replia lentement sur lui-même, et l'on vit, dans une chambre à

---

[44] Théophile Gautier écrit ceci trente-sept ans plus tard, en 1867.

coucher du XVIᵉ siècle, éclairée par une petite lampe, doña Josefa Duarte, vieille en noir, avec le corps de sa jupe cousu de jais à la mode d'Isabelle la Catholique, écoutant les coups que doit frapper à la porte secrète un galant attendu par sa maîtresse :

Serait-ce déjà lui ? — C'est bien à l'escalier
Dérobé —

La querelle était déjà engagée. Ce mot rejeté sans façon à l'autre vers, cet enjambement audacieux qui fait dire aux abonnés "classiques" que "dès le premier mot, l'orgie est déjà là !" »

Savoureux est le lien établi entre les mots d'« enjambement » et d'« orgie » : il dut enchanter Dumas !

Le commentaire de Théophile Gautier est, avec ses bizarreries d'écriture, fort judicieux :

« Il serait difficile de décrire, maintenant que les esprits sont habitués à regarder comme des morceaux pour ainsi dire classiques les nouveautés qui semblaient alors de pures barbaries, l'effet que produisaient sur l'auditoire ces vers si singuliers, si mâles, si forts, d'un tour si étrange, d'une allure si cornélienne et si shakespearienne à la fois. Nous allons cependant l'essayer. Il faut d'abord bien se figurer qu'à cette époque, en France, dans la poésie et même aussi dans la prose, l'horreur du mot propre était poussée à un degré inimaginable. Quoi qu'on fasse, on ne peut concevoir cette horreur qu'au point de vue historique, comme certains préjugés dont les motifs ou les prétextes ont disparu…

Malgré la terreur qu'inspirait la bande d'Hugo répandue par petites escouades et facilement reconnaissable à ses ajustements excentriques et à ses airs féroces, bourdonnait dans la salle cette sourde rumeur des foules agitées qu'on ne comprime pas plus que celle de la mer. La passion qu'une salle contient se dégage toujours et se révèle par des signes irrécusables. Il suffisait de jeter les yeux sur ce public pour se convaincre qu'il ne s'agissait pas là d'une représentation ordinaire ; que deux systèmes, deux partis, deux armées, deux civilisations même, – ce n'est pas trop dire – étaient en présence, se haïssant cordialement, comme on se hait dans les haines littéraires, ne demandant que la bataille, et prêts à fondre l'un sur l'autre. L'attitude générale était hostile… L'immense tribu des glabres dominait… »

Il n'est que de lire *La Revue de Paris* pour s'en convaincre : « Une congrégation de rimeurs bizarre est devenue un complot pour s'aduler … persuadée que le "siècle lui appartient"… »

Le siècle lui appartient ? La « tribu des glabres » n'a pas renoncé. Sur les deux fronts d'*Hernani* et de *Christine*, le « complot pour s'aduler » déclenche une bataille. On le sent passer à travers le récit de Dumas, hymne à la victoire collective, comme une angoisse. « Ils » ont remporté deux ou trois victoires, conquis l'Odéon et le théâtre de la Porte-Saint-Martin, pour partie la Comédie-Française – mais non Mlle Mars, cette Bastille.

Ce qui est vrai, c'est que le souhait de Stendhal est en passe d'être exaucé : Racine n'est pas détruit (qui y prétendait ?) mais Shakespeare a surgi sur la scène française, et avec lui les remous du monde moderne, les citoyens, cette foule qui a, le 14 juillet 1789, inventé le XIXe siècle.

En ce sens, Alexandre Dumas aura été ce Camille Desmoulins qui haranguait les Parisiens au soir de la prise de la Bastille. Sa « prise de Paris », désormais évidente, et qui fait de lui l'un des héros de cette fête en forme d'incendie, s'accompagne d'une crépitante révolution du langage et des gestes, des formes et du style.

« Romantisme »… Le mot reste bien ambigu, avec sa sonorité médiévale, ses échos fidéistes, sa référence à une rotondité qui englobe et unit. Dans les *Curiosités esthétiques*, Baudelaire veut n'y voir qu'« une nouvelle manière de sentir »… N'est-ce pas plutôt une revanche de la sensation sur le jugement ?

Voyons-y aussi une volonté de rupture. La préface de *Cromwell* est un manifeste violent, dénonciateur, et c'est elle qui fait de Hugo le chef d'école, l'homme du « soulèvement ». Ce qu'admettait volontiers Dumas, qui fut au premier rang de tous ces combats, crinière au vent, et dont la splendide « tirade » contre Casimir Delavigne que l'on a citée est, à sa façon, une rupture.

Deux choses sont claires, en ce début de 1830, au lendemain des batailles d'*Henri III*, d'*Hernani* et de *Christine* : que Victor Hugo a pris la tête d'une révolution esthétique, qui peut en préfacer une autre ; qu'Alexandre Dumas est, à ses côtés – mais non dans son ombre –, ce libre joueur qui saura rendre l'élan au mouvement quand le chef en viendra à se prendre pour Dieu.

Dans l'ordre de l'accomplissement personnel, le fils du général Dumas est, à vingt-huit ans, parvenu à ses fins. Il a, au bras d'un autre, conquis Paris, par la grâce et du geste, et du mot. Sans jamais s'avilir, ni avilir quiconque.

Sans blesser, ni humilier ? Qu'un homme comme lui, avec sa verve, sa silhouette, son génie, séduise des femmes, qui y verrait malice ? Mais enfin, il délaissa bien tôt Laure Labay, la mère de son fils Alexandre, et autrement Mélanie Waldor, compagne sinon inspiratrice de son victorieux passage de l'artisanat du vaudeville à l'art proprement dramatique, parce que surgissait, entre deux scènes, deux décors, deux répliques, Belle Krelsamer…

Alexandre sillonne Paris, en tilbury, fringant, de plus en plus frisé – d'autres disent crépu, qui ne sont pas de ses amis, ni des nôtres...

Paris ? Il le « tient ». Mais il a désormais d'autres idées en tête. Le roi Charles X, qui se laisse dire par quelques proches que du train où vont les choses, son trône attend une seconde restauration, voit bien que la substitution à la tête du gouvernement du prince de Polignac au judicieux Martignac n'a pas précisément servi les affaires du royaume, choisit de faire diversion en partant à la conquête d'Alger.

Tiens... Voilà bien une aventure de nature à entraîner ce braconnier du Valois devenu roi de Paris. L'Afrique ? Que de sujets en perspective : quelque Jugurtha chasseur de Romains, la jeunesse orageuse d'Augustin, Cervantès réduit en esclavage !

La révolution esthétique faite à Paris, le fils du général Dumas s'apprête à gagner, à son tour, l'Afrique...

ALEXANDRE DUMAS
par Devéria

MARIE-LOUISE LABOURET,
mère d'Alexandre

*Qui exprima jamais mieux
la paisible sagesse
provinciale ?*

LE GÉNÉRAL DUMAS,
père d'Alexandre

*Sabre au clair, l'homme
qui brava Bonaparte…
et le paya cher !*

TALMA dans *Sylla*

*« M. Dumas, je vous baptise
poète, au nom de Corneille
et de Schiller ! »*

LE BARON TAYLOR

*... qui ouvrit au théâtre romantique
les portes de la Comédie-Française.*

Mlle MARS

« M. Dumas, je ne jouerai pas votre pièce… faute de lustre… »

Mlle GEORGE

« La plus belle femme de son temps », selon Alexandre (et Napoléon…)

HENRI III ET SA COUR

La duchesse de Guise :
« M. de Saint-Mégrin, vous ici ! »

LA DERNIÈRE SCÈNE D'*ANTONY*

« Elle me résistait, je l'ai assassinée… »
Le colonel-mari ne semble pas se résigner au veuvage…

BELLE KRELSAMER

Boucles noires, yeux de jais,
dents comme des perles :
la madone des « Trois Glorieuses ».

MÉLANIE WALDOR

« Deviens toi-même,
mon Alex ! »

MARIE DORVAL ET ALEXANDRE

« Mon bon chien », disait-elle à l'auteur d'Antony…

VICTOR HUGO
par Devéria

Au temps de Marion
Delorme *et d'*Hernani,
imberbe.

ALFRED DE VIGNY

*… gentilhomme
que Marie Dorval préféra
au « mulâtre » Alexandre.*

LE SALON DE VICTOR HUGO

Debout, Théophile Gautier et Alexandre Dumas.

ALEXANDRE DUMAS
par Alfred de Musset

*... où s'exprime par la caricature la haine
de l'auteur des* Nuits *pour celui d'*Antony.

LA TABLE DE CHARLES NODIER, À L'ARSENAL

... où Alexandre fut accueilli, nourri, fêté, encouragé.

LES BARRICADES DE 1830

Du côté de la porte Saint-Denis, le 29 juillet 1830,
quand Alexandre se battait sur la rive gauche...

LA FAYETTE ET LE DUC D'ORLÉANS

*Une accolade très provisoire, entre le « citoyen des deux mondes »,
l'épée en côté, et le « roi-citoyen », sans épée, mais non sans malice…*

LOUIS-PHILIPPE

Tous, Daumier compris, ont pris Louis-Philippe pour une poire…
… qui pouvait se muer en citron, s'agissant d'Alexandre.

CHAPITRE IX

Le « bon chien » de Marie Dorval

Bâtard ou tropical ? ✦ Une jalousie inversée ✦ Le lustre
de Mlle Mars ✦ Un amour de Vigny ✦ Le capitaine
encombrant ✦ « Moi, moins l'assassinat… » ✦
Une soirée torrentielle ✦ Prométhée ?

Pourquoi faire surgir ici le furieux *Antony* auquel le public
du théâtre de la Porte-Saint-Martin ne fera un triomphe que le
3 mai 1831, après des mois de luttes et de rejets, passé le bouillon-
nant été 1830 et la rupture entre Alexandre et le pouvoir ?

Parce que c'est au plus fort de sa bataille avec les censeurs
de *Christine*, en avril 1830, alors qu'il vient de se heurter au
veto d'un certain Lourdoueix qui ne peut supporter d'entendre
traiter la couronne (fût-elle de Suède) de « hochet trouvé dans
un berceau » qu'Alexandre, flânant sur les boulevards, est saisi
d'une idée : celle « d'un homme qui, surpris par le mari de sa
maîtresse, la tuerait en disant qu'elle lui résistait… »

Tiens donc… Et pourquoi notre Alexandre, en butte aux vexations
d'un minable censeur, est-il pris d'une si profonde, vitale fureur ?
Pourquoi cette pulsion meurtrière, non plus liée à l'histoire, comme
dans *Henri III* ou *Christine*, mais privée, personnelle, actuelle ?

Très vite, il nous donne deux clés du surgissement, en lui,
de l'homme au poignard. Quelques mois plus tôt, il a assisté à

la lecture de la *Marion Delorme* de Hugo, et le personnage de Didier (« Didier de quoi ? » — « Didier de rien ! »), du bâtard hors-la-loi, l'a subjugué : on sait qu'il voit en *Marion Delorme* le chef-d'œuvre du théâtre romantique, le sien compris…

Mais on trouve dans ses *Mémoires* un trait plus personnel. On y lit ceci, qui en dit beaucoup :

« En outre, mon nom faisait beaucoup de bruit en ce moment-là. On me prêtait une foule d'aventures… J'avais des passions africaines, disait-on, et on en appelait à mes cheveux crépus et à mon teint bruni qui ne pouvaient ni ne voulaient démentir mon origine tropicale. Tout cela était curieux pour un enfant qui devenait jeune homme… »

La vocation d'Othello ? Il n'est pas bâtard, lui, ni enfant trouvé comme Didier ou bientôt Antony. Sent-il vraiment comme une malédiction jetée contre l'« homme à femmes » aux cheveux crépus, aux origines tropicales ? Une fureur d'exclu saisit-elle vraiment cet enfant qui, devenant jeune homme, constate que les femmes regardent ses cheveux ?

Mais il y a la « question Waldor ». Depuis bientôt trois ans, il vit avec Mélanie, qui l'aime. S'il l'aime, lui, un peu moins, ce qui subsiste surtout de cet amour, c'est la rage qui le tient – qui l'a tenu ? – de partager Mélanie avec ce capitaine Waldor qui n'est jamais là, mais qui a, lui, tous les droits. C'est un des traits les plus curieux de ce conquérant heureux que cette jalousie passionnée qu'il éprouve pour le malheureux mari berné…

Ce n'est pas par hasard qu'Antony est l'amant d'une femme d'officier et que c'est le retour du mari (dans la pièce, promu colonel) qui déclenche le mécanisme mortel. On pourra trouver plus surprenant que ce drame de la jalousie meurtrière éclate (sur les planches) au moment où Alexandre s'apprête à délaisser la malheureuse Mélanie, alors que la nouvelle élue, Belle, qui n'en est pas à son premier amant, n'a apparemment aucun homme de guerre dans son entourage...

Le fait est que, Didier, Waldor, négritude ou pas, « *Antony* était fait en six semaines » (vers le 9 juin 1830). On s'en voudrait d'ironiser à ce propos, mais il se trouve que c'est précisément le moment où Mélanie constate qu'elle attend un enfant, décidant de l'appeler Antony. Enfant qui, lui, ne vivra pas.

Pourquoi faudra-t-il plus d'un an pour que le drame d'Alexandre affronte le public ? Pour des raisons de censure, d'abord, de distribution, ensuite, de révolution, enfin. Si la pièce, écrite en quelques semaines, attendra un an pour être représentée, c'est parce que la censure s'épouvanta de la violence érotique et meurtrière du propos ; c'est aussi parce que, si *Antony* fut admis d'emblée à la Comédie-Française, les grandes étoiles pressenties, Mlle Mars et Firmin, ne trouvaient pas les rôles à leur goût et ne voulaient être mêlés ni à un scandale ni à un échec ; c'est enfin parce qu'à partir de la fin de juillet, Alexandre, formidable animateur, capable de bousculer une institution ou une troupe, fût-elle composée de têtes couronnées, se découvre une autre mission : la révolution, qu'il ne vit pas seulement à Paris mais à Soissons et en Vendée. Alors, *Antony* et ses fureurs attendront...

Ils attendront que les « Trois Glorieuses » aient, sinon aboli tout à fait la censure, en tout cas humanisé ses règles, que Mlle Mars partie en vacances, Firmin mettant en garde Dumas contre une violence scénique inadmissible à ses yeux et un échec assuré, l'auteur ait couru chercher ailleurs une scène et des interprètes.

Le roi Charles X parti pour l'exil, et le règne du « juste milieu » établi, M. Dumas retrouve son espace naturel, le pavé de Paris, les théâtres, le Palais-Royal. Avec, tout de même, quelque chose en lui de nouveau, le dégoût des bien pensants, la fraternité citoyenne, le goût du risque physique, la faveur des patriotes. Ce mélange inimitable de liberté, de comédie et d'héroïsme, qui est au cœur de sa « conquête de Paris ».

Les péripéties de la création d'*Antony*, où culmina la gloire théâtrale d'Alexandre et où l'on peut voir le moment décisif de sa « conquête de Paris », on ne saurait les raconter mieux que lui, irrésistible. On puisera encore, à pleines mains, dans les *Mémoires* de notre héros.

Nous sommes à la Comédie-Française, les dernières répétitions tournent à l'aigre. Firmin grommelle. Mlle Mars interpelle Dumas comme naguère Hugo :

« Je ne joue pas votre pièce samedi…

— Ah !… Et pourquoi, s'il vous plaît ?

— Parce que je fais faire pour quinze cents francs de robes, et que je désire qu'on les voie… On nous avait promis un nouveau lustre, l'éclaireur vient de nous remettre à trois mois. Quand il y aura un autre lustre, je jouerai votre pièce.

— Ah ! madame, lui dis-je, il n'y a qu'un chose qui mette obstacle à cette bonne volonté de votre part…

— Laquelle ?

— Dans trois mois, ma pièce sera jouée.

— Où cela ?

— Au théâtre de la Porte-Saint-Martin… Adieu, madame ! Au revoir, Firmin !

Et je sortis emportant mon manuscrit.

Je courus du même pas chez Dorval. Par chance, elle était toute seule.

— Ah ! tu es gentil ! me dit-elle avec cet accent traînard qui avait quelquefois dans sa bouche un si grand charme ; il y a six mois qu'on ne t'a vu !

— J'ai fait, depuis ce temps-là, un enfant et une révolution, sans compter que j'ai manqué deux fois d'être fusillé… Eh bien, voilà comme tu embrasses les revenants, toi ?

— Je ne peux pas t'embrasser autrement, *mon bon chien.*

C'était le nom d'amitié, je dirais même d'amour, que Dorval m'avait donné.

— Et pourquoi ne peux-tu m'embrasser ? lui demandai-je.

— Je suis comme Marion Delorme : je me refais une virginité.

— Impossible ?

— Parole d'honneur ! Je redeviens sage…

— Pourquoi ?

— Vigny… J'en suis folle…

— C'est un grand poète. Et un vrai gentilhomme : cela vaut mieux que moi, qui suis un mulâtre.

— Tu crois ? Mais pourquoi es-tu revenu ?

— J'ai retiré *Antony* du Théâtre-Français.

— Ah ! Que tu as bien fait ! C'est comme Hugo, tu sais, il a repris *Marion Delorme* et nous l'a apportée ; c'est moi qui joue Marion… Tu nous apportes donc *Antony* ?

— Mais oui !

— Et c'est moi qui jouerai Adèle, mon bon chien ?

— Parbleu !

— Fanfare alors !… Ma foi, tant pis, je vais t'embrasser… Tiens ! Qu'as-tu donc dans ta poche ?

— Le manuscrit.

— Oh ! Donne, que je le regarde.

— Je vais te le lire.

— Comment, tu vas me le lire, à moi ?

— Sans doute.

— Comme cela, pour moi toute seule ?

— Certainement.

— Ah ça ! Mais tu me prends donc pour une grande actrice ? »

Vigny se fait annoncer. Ils conviennent de reporter la lecture au soir… Alexandre revient après le souper :

« Je revins la voir. Dorval était seule, elle m'attendait.

— Ah ! ma foi ! m'écriai-je, je n'espérais pas un tête-à-tête.

— J'ai dit que j'avais une lecture.

— Et as-tu dit qui lisait ?

— Oh ! non ; mais, d'abord, viens t'asseoir ici, et écoute-moi, mon bon chien.

Je me laissai conduire à un fauteuil. Je m'assis.

Elle resta debout devant moi, avec ses deux mains dans les miennes ; elle me regarda de son bon et doux regard.

— Tu désires que je joue ton rôle ?

— Puisque je te l'apporte.

— Tu ne veux pas entraver ma carrière ?

— Ah ça ! mais tu es folle !

— Eh bien, ne me tourmente plus comme tu as fait ce matin. Je n'aurais pas la force de me défendre, moi, et… et je suis heureuse comme je suis ; j'aime de Vigny, il m'adore. Tu sais, il y a des hommes que l'on ne trompe pas…

Je commençai à lire, mais elle n'eut pas la patience de rester sur sa chaise ; elle se leva, et vint s'appuyer sur mon dos, lisant en même temps que moi par-dessus mon épaule.

À mesure que j'avançais dans ma lecture, je sentais la poitrine de l'admirable actrice palpiter contre mon épaule ; à la scène entre Adèle et Antony, une larme tomba sur mon manuscrit, puis une seconde, puis une troisième.

Je relevai la tête pour l'embrasser.

— Oh ! Que tu es ennuyeux ! dit-elle ; va donc, tu me laisses au milieu de mon plaisir.

À la scène de l'insulte, elle me prit le cou entre ses deux mains : ce n'était plus seulement son sein qui se levait et s'abaissait, c'était son cœur qui battait contre mon épaule ; je le sentais bondir à travers ses vêtements. À la scène entre la vicomtesse et Adèle, scène dans laquelle Adèle répète trois fois : "Mais je ne lui ai rien fait, à cette femme !", je m'arrêtai.

— Sacré nom d'un chien ! me dit-elle, pourquoi t'arrêtes-tu donc ?

— Je m'arrête, répondis-je, parce que tu m'étrangles.

— Tiens, c'est vrai, dit-elle ; mais c'est qu'aussi on n'a jamais fait de ces choses-là au théâtre.

Mais je le trouve un peu mou, le dernier acte.

— Ce que c'est que les goûts : Mlle Mars le trouvait trop dur, elle.

— Et elle te l'a fait changer ?

— D'un bout à l'autre... mais, si tu veux, je le referai.

— Et quand le referas-tu ?

— Demain, après-demain, un de ces jours enfin.

Elle me regarda, et se mit à genoux entre mes jambes.

— Sais-tu ce que tu devrais faire, mon bon chien ?

— Que devrais-je faire ? Voyons.

Elle ôta un de ses petits peignes, et se mit à peigner ses cheveux, tout en me parlant.

— Ce que tu devrais faire, je vais te le dire : tu devrais m'arranger cet acte-là cette nuit... sans rentrer chez toi.

— Soit tu auras ton acte avant le déjeuner...

Nous restâmes seuls : moi, comme toujours, en admiration devant cette nature naïve, primesautière, obéissant sans cesse au premier mouvement de son cœur, ou au premier conseil de son imagination ; elle, joyeuse comme un enfant qui se donne des vacances ignorées et savoure un plaisir inconnu.

Alors, debout devant moi, sans prétention, avec des pauses d'un abandon admirable, des cris d'une justesse douloureuse, elle repassa tout son rôle, n'en oubliant pas un point saillant, me disant chaque mot comme elle le sentait, c'est-à-dire avec une poignante vérité, faisant éclore du milieu de mes scènes, même de ces scènes banales qui servent de liaison les unes aux autres, des effets dont je ne m'étais pas douté moi-même et, de temps en temps, s'écriant en battant des mains, et en sautant de joie :

— Oh ! tu verras, mon bon chien, tu verras, quel beau succès nous aurons ! »

Marie Dorval voulait, pour partenaire, non Frédérick Lemaî-tre, souhaité par Dumas, mais Bocage, qui accourut aussitôt. Lecture faite par l'auteur, le comédien parut déconcerté :

« Je ne sais pas trop ce que je viens d'entendre… Ce n'est ni une pièce, ni un drame, ni une tragédie, ni un roman ; c'est quelque chose qui tient de tout cela, fort saisissant, à coup sûr !… Seulement, est-ce que vous me voyez dans *Antony*, moi ?

— Vous serez superbe ! répondit Dorval.

— Et vous, Dumas ?

— Elle répond de vous… »

Le lendemain, Alexandre était invité à lire sa pièce au directeur de la Porte-Saint-Martin, Crosnier :

« Je commençai ma lecture. Au troisième acte, M. Crosnier luttait poliment contre le sommeil ; au quatrième, il dormait le plus convenablement possible ; au cinquième, il ronflait.

Je sortis, j'oserai dire, sans qu'il m'entendît sortir. Bocage m'attendait au salon pour savoir le résultat de la lecture ; je lui montrai, à travers l'entrebâillement de la porte, son directeur endormi… »

Réveillé, Crosnier demanda un report de la pièce à trois mois. Il ne voulait pas « risquer son hiver » sur une pièce au succès trop incertain...

Sommeil définitif ? Alexandre y voit d'un coup matière à remettre en question son génie dramatique. Après le demi-échec de *Christine*... N'est-ce pas plutôt l'action politique qui l'appelle ? Au surplus, observe-t-il, « l'époque était mal choisie pour la littérature : tous les esprits tournaient à la politique, et l'on voyait l'émeute voler dans l'air, comme pendant les chaudes soirées d'été, les martinets aux cris aigus et les chauves-souris aux ailes de crêpe ».

Mais il se reprend vite. Le triomphe d'*Henri III* en appelle d'autres. Et il note très judicieusement dans ses *Mémoires*, au début de 1831 :

« Pauvre *Antony* ! Il avait déjà près de deux ans[45] d'existence ; mais ce retard, il faut l'avouer, au lieu de lui nuire en quoi que ce fût, lui devait, au contraire devenir très profitable. »

Bref, *Antony* entre en scène...

Ce que fut la soirée du 3 mai 1831, Alexandre l'a conté avec verve, et bonne grâce. Le deuxième acte s'achève :

« Le pont de Mahomet n'est pas plus étroit que ce fil qui suspendait en ce moment *Antony* entre un succès et une chute.

Le succès l'emporta. Une immense clameur suivie d'applaudissements frénétiques s'élança comme une cataracte. On applaudit et l'on hurla pendant cinq minutes.

---

[45] Un peu plus d'un an...

Quand j'en serai aux chutes, qu'on soit tranquille, je ne me ménagerai pas ; mais, en attendant, je demande la permission de dire la vérité.

Cette fois, le succès appartenait aux deux acteurs ; je courus au théâtre pour les embrasser.

Pas d'Adèle ! Pas d'Antony !

Je crus un instant qu'emportés par l'ardeur de la représentation, ils avaient repris la mise en scène à ces mots : *Antony lui jette un mouchoir sur la bouche, et l'emporte dans sa chambre*, et qu'ils continuaient la pièce. »

Dumas se décrit jetant des billets de cent francs aux machinistes pour qu'ils relèvent le rideau avant que ne s'achèvent les acclamations saluant l'acte précédent, pour que la scène ne cesse de vibrer de clameurs…

Il raconte aussi qu'un soir, le rideau étant tombé sur Bocage avant qu'il ne jette son fameux « *Elle me résistait, je l'ai assassinée !* » le comédien, furieux, avait couru s'enfermer dans sa loge. Alors Marie Dorval, poignardée, gisante, se redressa en hurlant « *Je lui résistais, il m'a assassinée !* » Trait où l'on peut voir le comble du génie dramatique, et qui aurait plu à Diderot…

Comme pour *Hernani*, le plus beau récit de cette soirée fameuse, qui sert de référence depuis bientôt deux siècles à toutes les évocations de triomphes dramatiques, on le doit probablement à Théophile Gautier qui, dans son *Histoire du romantisme*, y a mis non seulement son admiration amicale, mais peut-être sa jalousie de n'avoir pas été cet auteur-là :

« Dorval, l'œil sanglant, noyée de larmes, les lèvres bleues, les tempes livides, échevelée, à moitié nue, se tordait sur l'avant-scène à deux pas de la rampe. Bocage, fatal et silencieux, se tenait debout dans le fond : tous les mouchoirs étaient en jeu ; les sanglots brisaient les corsets ; un tonnerre d'applaudissements entrecoupait chaque râle de la tragédienne ; le parterre, noir de têtes, houlait comme une mer ; les loges se penchaient sur les galeries, les galeries sur le balcon. La toile tomba : je crus que la salle allait crouler : c'étaient des battements de mains, des trépignements, des hurlements… »

Une vingtaine d'années plus tard écrivant ses *Mémoires*, Alexandre revint sur l'« affaire *Antony* », à laquelle il donna un caractère autobiographique que l'on se permettra de juger un peu outré. Mais la page vaut d'être citée, en sa fougue qui révèle la puissance du choc que subit alors l'auteur, plus encore peut-être que l'homme, la théâtralisation dopant le souvenir :

« Quand je fis *Antony*, j'étais amoureux d'une femme qui était loin d'être belle, mais dont j'étais horriblement jaloux : jaloux parce qu'elle se trouvait dans la position d'Adèle, qu'elle avait son mari officier dans l'armée, et que la jalousie la plus féroce qu'on puisse éprouver est celle qu'inspire un mari, attendu qu'il n'y a pas de querelle à chercher à une femme en puissance de mari, si jaloux qu'on soit de ce mari.

Un jour, elle reçut du sien une lettre qui annonçait son retour. Je faillis devenir fou.

Le mari ne vint pas.

Ce que je souffris pendant cette période d'attente, je n'essayerai pas de le dire au bout de vingt-quatre ans, maintenant que cet amour s'en est allé où s'en vont les vieilles lunes du poète Villon. Mais lisez *Antony* : ce que j'ai souffert, c'est Antony qui vous le racontera.

Antony n'est point un drame, *Antony* n'est point une tragédie, *Antony* n'est point une pièce de théâtre. *Antony* est une scène d'amour, de jalousie, de colère en cinq actes.

171

Antony, c'était moi, moins l'assassinat. Adèle, c'était elle, moins la fuite. »

À l'époque où il écrit *Antony*, en avril-juin 1830, Alexandre n'est-il pas détaché déjà de Mélanie, déjà envoûté par Belle ? Peut-être cette passion décrite est-elle d'autant plus farouche que blessée déjà, sinon passée ? Ce qui n'en exclut pas la violence – bien au contraire – qu'ont admirée Flaubert et Baudelaire.

Antony est la pièce qu'Alexandre a commentée le plus volontiers. Il lui a découvert, après coup semble-t-il, une signification sociale très intéressante. Jadis, de Molière à Beaumarchais, le cocuage faisait rire. En ces temps de montée de la bourgeoisie, de l'héritage substitué aux titres nobiliaires, il met en fureur : la famille, le couple sont si étroitement liés à l'héritage. Tu me trompes, tu me voles, tu me tues ! L'amant n'est plus l'agent d'une dérision, il est le perceur du coffre, le dissolvant social…

C'est surtout sur l'aspect autobiographique qu'insiste Dumas, dans tel ou tel passage des *Mémoires*. Nous voyons plutôt dans *Antony* une page importante de l'histoire du théâtre, où la passion homicide se présente en costume moderne, Oreste en veston, Cléopâtre en jupon.

Ce qu'on y voit plus encore, c'est la prise en main du public par un dominateur. Pour défier ainsi les bonnes manières, pour livrer ainsi en pâture, à l'avant-scène, la mise à mort de l'épouse d'un noble colonel de l'armée royale, il faut sentir en soi « une force qui va ».

Et au-delà d'*Hernani*, ce que hurle *Antony* – quelles que soient les retouches opérées de la fin de l'année 1830 au printemps 1831, avant et après les grandes journées de juillet –, c'est une profonde secousse sociale et culturelle. L'homme qui traduit cela se prend-il pour Prométhée ?

Les Sept Glorieuses d'Alexandre

Alexandre l'a bien senti : plus que l'encre, la France de ce début d'été 1830 sent la poudre et les balles. La monarchie rétablie en 1814, puis en 1815, alors dotée d'une « charte » des libertés où, comme Maine de Biran, Chateaubriand avait décelé pertinemment un greffon révolutionnaire, se jette, passée aux mains de Charles X, dans ce qu'il faut bien appeler un suicide, auquel prêtent gaiement la main, avec un dynamisme inégal, libéraux, républicains, bonapartistes – et ceux qu'on appellera désormais orléanistes.

Qu'il ait appartenu ou non à l'un de ces quatre partis, c'est un très mauvais génie qui souffle aux conseillers du vieux souverain la substitution à la tête du gouvernement de l'insane Polignac au réaliste Martignac. De la Chambre surgit, le 9 mai, une adresse de 221 députés signifiant au roi que le « concours » n'existe plus entre les « vues » du pouvoir et les « vœux » du peuple – défi, qui accule le ministère Polignac à une dissolution à la fois absurde et inévitable.

Le pouvoir royal a pris d'autant plus de risques que sa « réaction » se situe au moment où le général La Fayette, symbole vivant de l'autre France, celle des libertés, fait en province, et notamment dans l'Auvergne de ses origines, une tournée triomphale, révélant que le pays, dans ses profondeurs, appelle autre chose que le retour des Polignac...

Le 24 juin, les élections consécutives à la première dissolution ont valu à l'opposition le triomphe qu'appelait la réaction royale : d'où les fameuses « ordonnances » du 25 juillet 1830 qui ne décrétaient rien de moins que la dissolution des Chambres et la suspension des libertés, dont celle de la presse.

Oubliée, la Charte[46] ! Rétablie la monarchie absolue ! La flotte française peut bien mouiller devant Alger, y déversant les bataillons du nouveau maréchal comte de Bourmont – dont Polignac regrettera l'absence dans Paris, quelques jours plus tard –, la restauration, sous la forme paterne inventée par Louis XVIII et Decazes, a vécu. L'absolutisme est rétabli. S'annoncent des jours de fièvre...

Alexandre Dumas fut l'un des premiers hommes de France non seulement à en mesurer l'intensité et la portée, mais à faire qu'ils se muent en révolution. La fréquentation des Valois et des Guise, des souverains, des spadassins, des cardinaux et des favorites peut ouvrir l'esprit aux gens de lettres, n'eussent-ils, comme lui ce jour-là même, que vingt-huit ans.

Comment l'expédition d'Alger – fanfares, turbans, mousquetades... – n'aurait-elle fasciné notre Dumas ? Il a tout simplement retenu deux places dans la diligence pour Marseille avec l'espoir d'être embarqué, poète épique, sur le premier vaisseau

---

[46] Bien que son article 14 prévoie de telles mesures.

en partance pour Alger ! Deux places ? Eh oui, si Bonaparte n'avait pas osé emmener Joséphine en Égypte, Dumas entraîne, en cette équipée, son nouvel amour, l'actrice Belle Krelsamer, dite Mélanie Serre, Belle aux yeux de jais, aux dents de perles, Belle qui semble faite, pour être « en » Alger, une sultane...

Mais le 25 juillet 1830, un ami sonne à la porte de l'appartement de la rue de l'Université où Alexandre s'est installé, non loin de Belle qui niche rue du Bac : « Le roi a signé les Ordonnances ! » Du coup, Alger paraît fade au dramaturge. C'est à Paris que va se faire l'Histoire, ce sont les Parisiens, et non les Barbaresques, qui attendent Alexandre, sa fougue et son amour des libertés pathétiques. « Belle, on ne part plus. Joseph[47], cours chez mon armurier me quérir un fusil et des balles ! »

Cette scène de roman qui préfigure si bien Mousquetaires et Garibaldiens, aucun des biographes de Dumas ne la met en doute. Les recoupements ont été faits. Aux odeurs fortes de l'expédition coloniale, Alexandre a aussitôt préféré les proches combats pour la liberté. Et ce n'est pas en vain qu'on parle ici de « combats ».

D'emblée, notre dramaturge a su, grandiloquence ou pas, posture ou non, qu'il se battrait, qu'il prendrait des risques. Tous les appétits de gloire et de « scènes à faire » ne peuvent affadir ce qui fut une décision citoyenne, un élan sans réserve pour la défense des libertés – dont on verra que Dumas n'attendit ni ne reçut ni principat, ni ministère, ni prébende. Quelques galons tardifs, tout au plus, vite décousus...

Faut-il donner une couleur, des couleurs, à cet engagement ? Alexandre a déjà une histoire à la fois familiale et personnelle, qui s'inscrit dans l'Histoire. Il est le fils d'un général de la République brimé, maltraité par un empereur. Il a toutes raisons de

---

[47] Le domestique de Dumas.

se sentir républicain. L'un des hommes qu'il a écoutés dans sa jeunesse, Maître Mennesson, le notaire de Villers-Cotterêts, on s'en souvient, l'a fermement mis en garde aussi bien contre les Bourbons que contre les Bonaparte.

Mais en 1823 a paru le *Mémorial de Sainte-Hélène*. Il faudrait être moins poète de l'histoire que le jeune Alexandre pour ne pas avoir été envoûté à vingt ans par l'immense aventure du Corse et de ses compagnons. Et plusieurs de ses amis – les de Leuven, les la Ponce –, sont bonapartistes… Lui-même publiera des textes lyriques à la gloire de l'empereur, ne résistant pas à la demande de griffonner un drame consacré au vainqueur d'Austerlitz, nous en reparlerons. Dans sa « campagne » de juillet 1830, des épisodes « bonapartistes » surgissent, comme par effraction, mais non par mégarde.

Et l'orléaniste, en tout cela ? Alexandre est depuis plusieurs années employé dans les bureaux de Philippe d'Orléans, vers lequel convergent les regards : n'est-ce pas lui qui, en catimini, va « ramasser la mise » ? Les rapports entre le duc d'Orléans et Alexandre n'ont jamais cessé d'être ambigus. Que le duc lui dicte une lettre ou s'enquière de son travail, le premier n'a cessé de faire sentir sa morgue sous la bonhomie, le second l'insolence sous la déférence. Mais il y a l'amitié entre le fils du premier, le duc de Chartres au regard candide, grand amateur d'actrices, et l'écrivain flambeur et flamboyant. Bref, de ces complicités qui font les grandes carrières.

Le vrai monde d'Alexandre, ce n'est pas précisément celui des idéologues républicains, ni celui des orléanistes ni moins encore celui des « carbonari » bonapartistes. Est-ce même celui de ces « libéraux » qui souhaitent moins la république que la fin du régime des Bourbons – fût-ce sous la forme que lui donnera la branche cadette ? Son monde, c'est celui qui attend la renaissance de cette France dont le peuple parlait, un monde de justice et d'égalité, non sans risque ni fracas. Une France qui va trouver son historien en Louis Blanc, dont l'*Histoire de dix ans* paraît, tantôt un écho des récits oraux d'Alexandre, et tantôt une source des écrits du même.

Cette France-là (ce Paris-là ?), chevelue et bavarde, bravache et crépitante, folle d'Histoire et gourmande d'histoires, populaire, populacière parfois, populiste souvent, si avide de mots, mais point avare de gestes ni économe de son sang et qui ne confond pas tout à fait les soldats de l'an II avec les croisés de l'an mil, c'est celle d'Alexandre – de mousquetaires qui ont oublié leur particule, sinon leur épée, dans l'antichambre de M. de Tréville...

Un mot encore, avant d'entamer ce récit, qui doit beaucoup à ses *Mémoires*. On lit, dans la biographie de l'excellent Henri Clouard qu'« évidemment les historiens ne puiseront pas dans Alexandre Dumas... » Que font-ils d'autre ? Comment n'y pas « puiser », en vérifiant, en distinguant la forfanterie ici, du trait incontestable, là. « Ne puiseront pas » ? Et que faire alors, en histoire, que creuser une mine aussi merveilleuse de traits et de cris d'où surgit la vie même ? Bien sûr, nul n'est tout à fait assuré de tel mot d'Arago ou de Bixio, de Charras ou même de La Fayette. Si le tri s'impose, la pêche est bonne. Ou la chasse... Le fusil de notre Alexandre a su tirer, comme jadis en venant de Crépy-en-Valois, les lièvres et les perdrix...

Il faut ajouter ceci : que si l'on a cru bon de donner pour titre à ce chapitre, en contradiction avec la tradition, non pas les « Trois », mais les « Sept Glorieuses » d'Alexandre, c'est parce que notre héros ne s'est pas contenté de vivre dangereusement les trois fameuses journées des 27, 28 et 29 juillet 1830, mais parce que, du 26 juillet au 1er août, on le verra constamment sur la brèche... « Trois Glorieuses » ? Pour ce Gargantua du geste et du verbe, c'est trop peu !

Le 26 juillet, jour fixé pour son départ – qu'il a donc annulé –, de bon matin (premier trait d'héroïsme pour ce lève-tard arraché aux bras de Belle), Alexandre, son fusil sur le bras, ses balles dans sa poche, est parti sur les quais de la Seine, en quête de hauts faits. La troupe tient les ponts. Un quidam passe : « M. Dumas, vous ne craignez pas de brandir un fusil ? » — « C'est un fusil de chasse, monsieur… » — « Mais la chasse n'est pas ouverte ! » — « Eh bien, je l'ouvre, monsieur ! » Le ton est donné, mi-goguenard, mi-flambard…

Étienne Arago l'entraîne vers l'Institut où son frère François, l'illustre astronome, doit prononcer un discours académique. Ce dernier refuse de parler, ce qui, en ces circonstances, va provoquer, à sa façon, un scandale « révolutionnaire ». Alexandre est en attente de fièvres autres qu'académiques. Mais passe pour les bicornes. D'autant que le savant libéral a bien fini par accepter de s'exprimer : mais c'est pour transformer son éloge du physicien Fresnel en un hymne à la liberté…

De là, Étienne et Alexandre courent au *Courrier Français*, où l'on rédige une protestation solennelle contre la suspension des journaux libéraux, à l'incitation de Thiers, libéré de sa prudence légendaire. Quarante-cinq des plus notoires journalistes de Paris, dont Thiers lui-même, Mignet, Carrel, Roqueplan, Chatelain font savoir qu'ils passeront outre aux interdits et, ce faisant, suggère Dumas, « risquent leur tête ». Le bilan de la journée du 26 est bon, fusil ou pas : la science et la presse exigent toutes deux d'être libres !

Le lendemain, 27, Alexandre fonce chez Armand Carrel, l'un des grands journalistes protestataires : « Il faut aller plus loin, Carrel, il faut passer aux armes ! » Mais ce parangon du non-conformisme protestataire qu'est Carrel, qui a risqué sa vie en vingt duels, ne croit qu'à la voie légale : « La résistance à main armée, il la niait absolument. » Sur les instances d'Alexandre, il s'arme pourtant de deux pistolets de poche pour gagner avec lui la rue de Richelieu où l'imprimerie du *Temps* est, dit-on, assaillie par la gendarmerie.

Sur le pas de la porte, Baude, un des rédacteurs du journal, fait face à la troupe, tandis qu'alentour s'amasse la foule grondante.

« On devinait qu'au-delà de la résistance légale qu'invoquait le magnifique Baude, grondait la résistance réelle, la résistance armée. Je serrai le bras de Carrel, qui secouait la tête en signe de dénégation alors que se préparait là, sous le regard de Dieu, un des plus grands spectacles qu'il soit donné à l'œil humain de voir s'accomplir : la résistance de la conscience à la tyrannie. »

La troupe fait évacuer la foule ; mais, écrit Dumas, « Baude avait été grand comme une apparition de 1789 ».

Et chaque journal est devenu un club, comme en ce temps-là les couvents de jacobins ou de cordeliers... Naît une « conspiration immense, celle de l'opinion publique, qui rend les Bourbons solidaires de la défaite de 1815 et qui veut venger Waterloo dans les rues de Paris ». Splendide !

C'est le 28 que la fièvre tourne à l'émeute, avant que le 27, elle n'enfle en une sorte de révolution. Ce jour-là, revoyant Carrel, Alexandre s'est de nouveau entendu exhorter à la prudence : « Ne soyez pas assez fou pour vous jeter dans tout cela ! » — « Soyez tranquille ! » a d'abord jeté Alexandre, son fusil à la main – pour apprendre aussitôt qu'un homme a été tué rue du Lycée[48], que les lanciers chargent rue de Richelieu, que les premières barricades s'élèvent... Dans la rue Vivienne, des baïonnettes... Aux fenêtres, des cris de femmes : « Ne tirez pas sur le peuple ! » Alors,

---

[48] L'actuelle rue de Valois.

écrit Dumas, digne ici de Michelet, surgissent de partout « ces types qui mettent en branle les émeutes et les révolutions, et que l'on pourrait appeler les hommes du commencement… »

« Vive la Charte ! » Les cris fusent de partout. Devant le Théâtre des Nouveautés, une femme est abattue. « Au meurtre ! » Et surgie de partout, la foule hurle : « Fermez les théâtres quand on assassine ! », cri que reprend Alexandre lui-même : « On ne rira pas au Vaudeville tandis qu'on pleure dans Paris ! »

Un homme se manifeste avec éclat, et une étonnante ubiquité, comme la « cheville ouvrière du mouvement insurrectionnel » selon Dumas : c'est son ami Étienne Arago, aux côtés duquel nous l'avons vu s'élancer dès le premier matin. C'est lui qui prend l'initiative de dresser les premières barricades…

Dans la cour des Tuileries, deux ou trois cents hommes campent, l'arme au pied. Alexandre pense à la nuit du 9 au 10 août 1792, qui fut celle de l'agonie de la monarchie. Une sentinelle hurle : « Au large ! » Il reprend son chemin sur le quai, dans la nuit, vers son carrefour du Bac où déjà se dresse une barricade : la révolution est en marche.

Dès le petit matin du lendemain, on vint l'arracher au sommeil : le quartier des Écoles est en insurrection ; rue de Beaune se fait un rassemblement d'insurgés, furieux à la fois du silence des « importants » – Laffite, Casimir Perier, La Fayette – et de l'absence d'armes. « Pas d'armes ? s'écrie Étienne Arago, survenant. Il y en a chez les armuriers, prenez-les ! » Quelqu'un rappelle qu'au Vaudeville s'achèvent les représentations du *Sergent Mathieu*, épopée en carton-pâte de la Grande Armée… « S'il n'y a pas d'armes, là ! » Arago et Alexandre se précipitent dans les coulisses, font main basse sur les fusils, les sabres rouillés, les uniformes de la garde impériale et les entassent dans des paniers d'osier…

Mais la place du Palais-Royal est encombrée de troupes : « Que portez-vous là ? » hurle un capitaine. « Un déjeuner de noces ! » La pointe des sabres et des baïonnettes passe à travers l'osier… L'officier éclate de rire et les armes de théâtre rejoignent la première barricade venue.

Des barricades, précisément, son quartier de la rive gauche en manque. Il en construira deux, l'une rue de l'Université, l'autre rue du Bac, avec l'aide d'un étudiant en médecine nommé Bixio qui deviendra son ami. Puis, le fusil à la main, il court à l'Hôtel de Ville dont les insurgés veulent faire le quartier général du mouvement. À la tête de cinquante hommes, deux tambours et un drapeau, Dumas donne l'assaut, est repoussé – non sans apprendre qu'un « gouvernement provisoire » composé de La Fayette, du général Gérard et du duc de Choiseul et parrainé par Béranger lui-même, est constitué. Vaincu à l'Hôtel de Ville, il sent flotter, ce soir-là, un air de victoire.

Mais pourquoi le réveille-t-on si tôt, le lendemain, le 29 ? Parce qu'inséparable des révolutions, le pillage a commencé, et à deux pas de chez lui, au musée de l'artillerie et des armures de Saint-Thomas d'Aquin : s'il faut des armes, pourquoi ne pas les arracher à l'histoire ?

Dumas se précipite : il s'agit d'abattre Charles X, non de dévaliser Charles VII ! « Par Dieu, mes amis, respectez ces armes ! » Mais quand un pillage a commencé, on n'en peut sauver que ce que l'on saisit : le voilà empêtré, jeune géant à peine arraché à la cour d'Henri III (et à la bataille de l'Hôtel de Ville…), d'un bouclier, d'une épée de François Ier, d'un casque qu'il aurait porté à Marignan, d'une arquebuse de Charles IX (utilisée pour tirer sur les huguenots). Ainsi notre dramaturge rentre-t-il chez lui chargé de plus de trophées qu'il n'en faudrait pour lui inspirer cent drames historiques…

Il court place de l'Odéon où, lui a fait dire son ami Charras qui y commande, la lutte est chaude. Aux cris de « Vive la République ! » « Vive la Charte ! » se mêle soudain un « Vive

Napoléon II ! » Charras fait taire l'intrus. Mais au même moment surgit un nommé Chopin, marionnettiste du Luxembourg voisin, vêtu d'une redingote grise, d'un petit chapeau noir, monté sur un cheval blanc qu'il arrête sur la place, une main derrière le dos.

Et la foule qui vient d'applaudir à la leçon faite au bonapartiste, de hurler « Vive l'empereur ! » tandis qu'une femme aux cheveux blancs tombe à genoux et fait un signe de croix : « Ô Jésus, je ne mourrai donc pas sans l'avoir revu ! » C'est complexe, une révolution, surtout lorsqu'elle est contée par un grand dramaturge ! Et de cette foule hétéroclite, en quête d'un chef, part un cri « Au Louvre ! » Le mot d'ordre passe dans les rangs : « On attaque par le pont des Arts… »

Il est dix heures trente-cinq, ce matin du 29, quand Alexandre s'avise que, vu de la rive gauche, pour les quelque cent vingt hommes qu'il est censé commander, protégé pour l'instant par le lion de bronze le plus proche de la rue Mazarine, « le Louvre présente un aspect formidable » : les fenêtres du vieux palais sont hérissées de Suisses, brandebourgs rouges, baudriers blancs, et un régiment de cuirassiers est déployé au long du quai de la rive droite… Mais il est protégé, lui, par son lion de bronze proche de l'Institut :

« C'était à faire venir l'eau à la bouche rien que d'y penser ; il est vrai que c'était à faire venir la sueur sur le front en y pensant.

J'ai dit quelles étaient mes impressions en face du danger. Je l'affronte avec hésitation d'abord, mais je me familiarise vite avec lui.

Or, mon apprentissage de la veille m'avait enlevé ma première émotion.

D'ailleurs, je dois dire que ma place était bonne, et qu'il fallait un bien grand hasard ou un bien joli tireur pour qu'une balle vînt me chercher derrière mon lion.

J'assistai donc avec beaucoup de sang-froid à la scène qui allait se passer et que je vais essayer de décrire.

La plupart des hommes qui composaient le rassemblement au milieu duquel je me trouvais étaient des gens du peuple.

Les autres étaient des commis de magasin, des étudiants et des gamins.

Sur les cent ou cent vingt combattants, à peine deux habits de gardes nationaux attiraient-ils les regards à eux.

Les hommes du peuple, les commis de magasin et les étudiants étaient armés de fusils de munition ou de chasse... dans la proportion d'un à quinze.

Les gamins n'étaient armés que de pistolets, de sabres ou d'épées ; un des plus ardents n'avait qu'une baïonnette. En général, c'étaient les gamins qui marchaient en tête.

Tant que passa le régiment de cuirassiers, la fusillade, très active de notre côté – sans grands résultats, il faut le dire –, fut molle du côté des troupes royales.

Elles étaient gênées par cette ligne de cavaliers qui passait entre elles et nous.

Mais la grille du second jardin dépassée par le dernier cuirassier, la véritable musique commença.

Il faisait une chaleur insupportable et sans le moindre souffle d'air. La fumée des fusils des Suisses ne s'élevait que lentement. Bientôt tout le Louvre fut enveloppé d'une ceinture de fumée qui déroba les troupes royales à nos yeux d'une façon aussi complète que ces nuages peints qui, s'élevant des sablières, à l'épilogue des drames, dérobent aux yeux des spectateurs l'apothéose que l'on prépare au fond du théâtre.

C'étaient des coups de fusil perdus, que ceux dont les balles s'amusaient à aller percer ce rideau.

Cependant, de temps en temps, une trouée se faisait, et l'on apercevait, à travers l'éclaircie, les brandebourgs blancs, les habits rouges et les plaques dorées des bonnets à poil suisses.

C'était le moment que les vrais tireurs attendaient, et il était bien rare, alors, que l'on ne vît pas, au milieu de ces éclaircies, deux ou trois hommes chanceler et disparaître derrière leurs camarades. De notre côté, pendant cette première période du combat, nous eûmes un seul homme tué et deux blessés.

L'homme tué fut atteint au sommet du front, tandis qu'agenouillé derrière le parapet il mettait en joue.

Il se releva comme poussé par un ressort, fit quelques pas en arrière, laissa tomber son fusil, tourna une ou deux fois en battant l'air de ses bras, et s'abattit sur le visage.

Un des deux blessés fut un gamin. La blessure était dans les chairs de la cuisse. Lui ne se cachait pas derrière le parapet ; il dansait dessus, un pistolet de poche à la main.

Il s'en alla sautillant sur une jambe, et disparut dans la rue de Seine.

L'autre blessé l'était plus gravement. Il avait reçu une balle dans le ventre. Il était tombé assis et les deux mains appuyées sur sa blessure, qui ne saignait presque pas. L'épanchement, selon toute probabilité, se faisait au-dedans. Au bout de dix minutes, la soif le prit, et il se traîna vers moi ; arrivé là, les forces lui manquèrent pour atteindre le bassin : il m'appela à son aide. Je lui donnai la main et l'aidai à monter. Il but plus de dix fois en dix minutes ; dans les intervalles où il ne buvait pas, il ne disait que ces mots :

— Oh ! les gueux ! Ils ne m'ont pas manqué !

Et, de temps en temps, quand il me voyait porter mon fusil à mon épaule, il ajoutait :

— Ne les manquez pas non plus, vous !

Enfin, au bout d'une demi-heure à peu près, on se lassa de cette fusillade sans résultat.

Deux ou trois hommes crièrent : "Au Louvre ! au Louvre !"

C'était insensé, car il était évident qu'on n'était qu'une centaine d'hommes, et qu'on allait avoir affaire à deux ou trois cents Suisses.

Mais, dans ces circonstances, on ne s'arrête pas seulement aux choses raisonnables. Un tambour battit la charge et s'élança le premier sur le pont.

Tous les gamins l'accompagnèrent en criant : "Vive la Charte !"

Le corps d'armée[49] les suivit.

Je dois avouer que je ne fis point partie du corps d'armée[50].

De la position un peu élevée où je me trouvais, j'avais, comme je l'ai dit, cru distinguer une pièce en batterie. Tant que cette pièce n'avait eu que de la mitraille à éparpiller au hasard, elle s'était tenue parfaitement muette et tranquille ; mais, du moment où les assaillants s'engagèrent sur le pont, elle se démasqua… Je vis la lance fumante s'approcher de la lumière ; je m'effaçai derrière mon lion, et, au même instant, j'entendis le bruit de l'explosion et le sifflement des biscaïens qui venaient mutiler la façade de l'Institut. »

Alexandre n'a battu en retraite que pour reprendre souffle. Auprès de Belle ? Quand il revient, deux heures plus tard, reprendre le combat, c'est pour constater que le Louvre, attaqué par trois autres colonnes sur la rive droite, a été emporté, que les trésors d'art et d'archives sont dispersés au vent, que les défenseurs ont fui, qu'on jette les Suisses par les fenêtres…

« La révolution de 1830 était faite.

---

[49] Cent vingt hommes…
[50] Aveu qui suffirait à authentifier le reste !

Faite – nous le disons, nous le répétons, nous l'imprimons, nous le graverons, s'il le faut, sur le fer et sur l'airain, sur le bronze et sur l'acier –, faite, non point par les prudents acteurs de la comédie de quinze ans, cachés dans les coulisses, pendant que le peuple jouait le drame sanglant des trois jours ; non point par les Casimir Perier, les Laffitte, les Benjamin Constant, les Sébastiani, les Guizot, les Mauguin, les Choiseul, les Odilon Barrot et les trois Dupin. Non ! Ceux-là, nous l'avons dit, ceux-là se tenaient – pas même dans les coulisses, ils eussent été trop près du spectacle ! –, ceux-là se tenaient chez eux, soigneusement gardés, hermétiquement enfermés. Non, chez ceux-là, il ne fut jamais question que de résistance légale, et, le Louvre et les Tuileries pris, on discutait encore, dans leurs salons, les termes d'une protestation que quelques-uns trouvaient bien hasardée.

Ceux qui ont fait la révolution de 1830, ce sont ceux que j'ai vus à l'œuvre, et qui m'y ont vu ; ceux qui entraient au Louvre et aux Tuileries par les grilles rompues et les fenêtres brisées ; c'est, hélas ! – qu'on nous pardonne cette funèbre exclamation, la plupart d'entre eux sont morts, prisonniers, exilés aujourd'hui ! – c'est Godefroy Cavaignac, c'est Baude, c'est Étienne Arago, c'est Coste, Guinard, Charras, Gauja, Baduel, Bixio, Goudchaux, Bastide, les trois frères Lebon – Olympiade, Charles et Napoléon, le premier tué, les deux autres blessés à l'attaque du Louvre –, Joubert, Charles Teste, Taschereau, Béranger… Je demande pardon à ceux que je ne nomme pas et que j'oublie ; je demande pardon aussi à quelques-uns de ceux que je nomme, et qui aimerait peut-être autant ne pas être nommés. Ceux qui ont fait la révolution de 1830, c'est cette jeunesse ardente du prolétariat héroïque qui allume l'incendie, il est vrai, mais qui l'éteint avec son sang ; ce sont ces hommes du peuple qu'on écarte quand l'œuvre est achevée, et qui, mourant de faim, après avoir monté la garde à la porte du Trésor, se haussent sur leurs pieds nus pour voir, de la rue, les convives parasites du pouvoir, admis, à leur détriment, à la curée des charges, au festin des places, au partage des honneurs. »

Nous avons trouvé parfois Alexandre Dumas en désaccord avec Hugo, sur le fond ou sur la forme. Mais ce morceau-là, si évidemment arraché, quinze ans après, à l'insurgé de 1830, ne le dirait-on pas surgi des *Misérables*, ou de *Quatre-Vingt-Treize* ?

Et l'on s'en va bien sûr quérir La Fayette : « L'homme que la liberté a sacré roi du peuple en 1789 se retrouve roi du peuple en 1830, illustre vieillard que l'on honorait et glorifiait parce que l'on pensait qu'en lui vivait la pensée de la Révolution. »

Révolution que cet excellent homme avait d'ailleurs observée dans l'émigration… Mais, pour avancé qu'il paraisse en 1830, on va voir le citoyen-général un peu distancé par le mouvement dont il est le symbole.

Apercevant Étienne Arago avec une cocarde tricolore, il l'invite à l'ôter :

« Pardon, général, mais je n'ai pas bien compris.

— Mon jeune ami, je vous fais prier d'ôter cette cocarde.

— Et pourquoi cela, général ?

— Parce que c'est un peu tôt… Plus tard, plus tard, nous verrons.

— Général, répond Étienne, je porte depuis hier le ruban tricolore à la boutonnière de mon habit, et la cocarde tricolore à mon chapeau depuis ce matin… Ils y sont, ils y resteront !

— Mauvaise tête ! murmura le général.

Et il continua son chemin vers l'Hôtel de Ville pris par le peuple trois heures plus tôt…

À partir de ce moment, et tout imaginaire qu'il était, le gouvernement provisoire fonctionna.

C'est qu'un homme s'était trouvé qui ne reculait pas devant cette responsabilité terrible qui faisait reculer tant de monde.

Cet homme, c'était Baude[51].

Il se fit secrétaire d'un gouvernement qui n'existait pas.

Il multiplia les ordres, les proclamations, les décrets. Ordres, proclamations et décrets étaient signés : BAUDE, *secrétaire du gouvernement provisoire.* »

C'est à ce titre que Baude proclama la déchéance des Bourbons[52].

---

[51] Que l'on a vu, dès le 27 juillet, résister à la troupe venue fermer l'imprimerie du *Temps*.
[52] De la branche aînée.

CHAPITRE XI

La poudre de Soissons

*Une révolution désarmée ? ✦ « Je ne veux pas vous faire
fusiller ! » ✦ Les portes de Soissons ✦ Les trois couleurs
flottent sur la cathédrale ✦ « Nous sommes cinq… » ✦
« Une nouvelle révolte des nègres ! » ✦ Alexandre à coups
de hache… ✦ M. de Talleyrand, l'oracle ✦ « Votre plus
beau drame, M. Dumas ! » ✦ Une idée de pièce ?*

Pour achever de conquérir Paris où nul cardinal ne le menace,
lui – et où l'immensité même de Hugo, très discret en ces tumul-
tes, ne lui fait pas ombrage –, pour maîtriser ce Paris où il vient
des jours durant de faire le coup de feu, parfois le coup de gueule,
Alexandre Dumas n'a jamais rien fait de plus audacieux, ou de
plus original, de plus « mousquetaire » en tout cas, que l'expédition des poudres.

Les poudres ? Qu'est-ce à dire ? On a évoqué, le plus souvent
sous la plume même de l'étonnant Dumas, à la fois Camille Desmoulins, Jean-sans-culotte et Michelet, ces « Trois Glorieuses »,
cette révolution de Juillet qui ne se réduisit pas seulement pour
lui à ces trois journées fameuses, sans conduire pour autant à
cette république présidée par La Fayette où il voyait le régime le
plus propre à incarner le rêve des Français.

Mais rien ne manifeste mieux son esprit de participation
active à la révolution de Juillet, au-delà du pittoresque fusil de

chasse, des barricades et du lion du Pont des Arts, que cette idée qu'il eut et cette initiative qu'il prit au début de l'après-midi du 30 juillet, alors que la victoire des insurgés paraissait acquise, ou plutôt assurée la défaite de Charles X.

Mais son ami Arago lui a rapporté un inquiétant propos de La Fayette, dont il a contribué à faire l'arbitre apparent de la situation, le décrivant comme le nécessaire « dictateur » : sous ses cheveux blancs, à soixante-treize ans, le « patriote des deux continents » ne saurait se muer en Sylla, en Cromwell ou en Robespierre…

Alexandre Dumas raconte :

« Avez-vous, général, confié à mon ami Arago que nous étions à court de poudre, et que si Charles X marchait de Saint-Cloud sur Paris, nous n'aurions pas quatre mille coups de fusil à tirer ?
— Oui.
— Voulez-vous que j'aille en chercher, de la poudre ?
— Vous ?
— Sans doute, moi.
— Mais où cela ?
— Là où il y en a, à Soissons ou à La Fère.
— On ne vous la donnera pas.
— Je la prendrai.
— De force ?
— Pourquoi pas. Nous avons bien pris le Louvre de force…
— Vous êtes fou, mon ami. Vous devez être fatigué…
— Donnez-moi un ordre !
— Je ne veux pas vous faire fusiller. »

Alexandre arrache enfin au général Gérard, qui fait fonction de ministre de la Guerre auprès de La Fayette, l'ordre de mission, rédigé par lui-même, recopié de la main de cet officier (qui parle lui aussi de « folie »), donnant l'ordre aux autorités militaires de la ville de Soissons de « remettre à l'instant à M. Alexandre Dumas toute la poudre qui se trouvera soit à la poudrière, soit dans la ville »…

Une mission qui fleure bon déjà ses *Trois Mousquetaires*, à ceci près que le cardinal, d'une part, ou M. de Tréville, de l'autre, ne croient jamais avoir affaire à des fous…

Il est trois heures de l'après-midi quand Dumas prend congé de La Fayette. Les portes de Soissons, ville « de guerre », ferment à onze heures… Est-il encore temps de gagner la ville, de franchir les portes ? Alexandre embarque avec lui un jeune peintre nommé Bard (« Venez-vous vous faire fusiller avec moi ? »), gagne Le Bourget d'où part la chaise de poste pour Soissons, y loue un cabriolet que l'on décore d'un drapeau tricolore et que le postillon enlève dans un galop frénétique. À huit heures, ils sont à Nanteuil. Encore douze lieues à faire, en trois heures…

Le postillon ne conduit plus qu'au trot. « Au galop ! » hurle Dumas qui en vient à tirer ses pistolets, à faire feu sur le postillon qui s'écroule, se croyant mort. Au galop enfin, on arrive à Villers-Cotterêts, où on fait à Alexandre l'ovation qui s'impose. Un cri : « Ne va pas à Soissons ! C'est une ville de royalistes ! »

« J'irai, et avant onze heures ! — Tu n'y arriveras pas avant minuit, mais tu entreras… crie une voix, celle d'un ami soissonais, Hutin. Je te ferai entrer… »

Ici personne ne peut se substituer à Dumas. Qui oserait écrire de telles choses, si improbables, et sur ce ton ?

« Après plus de vingt ans écoulés, nous hésitons presque à écrire ce qui va suivre, tant le récit nous en paraît incroyable à nous-même ; mais nous renverrons ceux qui douteraient au *Moniteur* du 9 août, contenant le rapport officiel qu'y fit insérer le général La Fayette, afin que les intéressés pussent réclamer ou démentir, s'il y avait lieu.

Personne ne réclama, personne ne démentit[53].

À minuit, entrés dans Soissons, nous frappions à grands coups à la porte de madame Hutin la mère, qui nous reçut avec des cris de joie… C'était le lendemain jour de marché ; il s'agissait de confectionner un gigantesque drapeau tricolore, et de le substituer au drapeau blanc qui flottait sur la cathédrale.

Madame Hutin, sans trop savoir ce que nous faisions, ni les conséquences que la chose pouvait avoir, mit à notre disposition les rideaux rouges de la salle à manger et les rideaux bleus de son salon.

Un drap pris dans l'armoire à linge compléta l'étendard national.

Quant au bâton, il ne fallait pas s'en inquiéter ; nous trouverions celui du drapeau blanc. Les bâtons n'ont pas d'opinion.

À trois heures du matin, c'est-à-dire aux premières lueurs du jour, le dernier point était fait.

Je commencerais par m'emparer de la poudrière, en même temps que Bard et Hutin, sous prétexte de voir le lever du soleil du haut de la tour, se feraient ouvrir les portes de la cathédrale, déchireraient le drapeau blanc et y substitueraient le drapeau tricolore.

Si le sacristain opposait de la résistance, il était convenu qu'on le jetterait du haut en bas du clocher…

Aussitôt le drapeau placé, le sacristain enfermé dans la tour, la clé de la tour dans la poche d'Hutin, celui-ci devait m'envoyer Bard à la poudrière, située dans les ruines de l'église Saint-Jean.

En sortant de la poudrière, je devais me rendre chez le commandant de place, M. de Liniers, et, l'ordre du général Gérard à la main, obtenir de lui, de gré ou de force, l'autorisation d'enlever la poudre.

---

[53] On verra que si, mais s'agissant de détails…

J'étais prévenu que M. de Liniers était plus qu'un royaliste : M. de Liniers était un ultra !

À la première nouvelle de l'insurrection de Paris, il avait déclaré que, de quelque façon que les choses tournassent dans la capitale, il s'ensevelirait sous les ruines de Soissons, et que sur la plus haute pierre de ces ruines flotterait le drapeau blanc.

Il était donc à peu près certain que c'était de ce côté-là que viendrait la résistance sérieuse.

S'agissant de la poudrière, il fut convenu que je sauterais par-dessus le mur quand je verrais au haut de la cathédrale le drapeau tricolore substitué au drapeau blanc.

Au bout d'un instant, je vis apparaître au-dessus de la galerie la tête de trois hommes, puis le drapeau blanc s'agiter d'une manière insolite. Puis il s'abaissa, disparut, et bientôt se releva changé en drapeau tricolore.

Je sautai dans l'enceinte de la poudrière, ayant passé mon fusil dans ma main gauche, et armé mes deux coups.

Deux officiers me regardaient, stupéfaits. Je m'arrêtai à dix pas d'eux.

— Messieurs, leur dis-je, je vous demande pardon de la façon dont je m'introduis chez vous. Je suis M. Alexandre Dumas, fils du général Alexandre Dumas, que vous avez dû connaître de nom, si vous avez servi sous la République ; et je viens, au nom du général Gérard, demander aux autorités militaires de la ville de Soissons toute la poudre qui peut se trouver dans la ville. Voici mon ordre...

Et, mon fusil dans la main gauche, je tendis la main droite du côté de ces messieurs.

Le capitaine s'approcha de moi, prit l'ordre et le lut.

— Que désirez-vous ?

— Ce que je désire, monsieur, c'est bien simple... Voyez ce drapeau tricolore... Sa substitution au drapeau blanc vous prouve que j'ai des intelligences dans la ville… La ville va se soulever. On m'a dit que je trouverais dans les trois gardiens de la poudrière de braves patriotes qui, au lieu de s'opposer aux ordres du général Gérard, m'aideraient dans mon entreprise. Je me présente donc à vous avec confiance, vous demandant votre coopération dans l'affaire.

— Vous comprenez, monsieur, me dit le capitaine, que notre coopération est impossible. »

Survient le colonel, nommé d'Orcourt, commandant le poste, qui se révèle un bon « patriote », et lui donne carte blanche… Puis il se dirige vers la maison du commandant de place, M. de Liniers, qu'il trouve seul avec un officier, qui vient de lui apprendre que le drapeau tricolore flottait sur la cathédrale.

« Qui êtes-vous, monsieur ? me demanda le commandant de place en me regardant avec étonnement.

J'ai dit ma tenue : ma cravate en corde à puits, ma chemise de quatre jours, ma veste veuve de la moitié de ses boutons.

Je déclinai mes nom, prénoms et qualités. J'exposai en deux mots la situation de Paris ainsi que l'objet de ma mission, et je présentai au commandement de place l'ordre du général Gérard.

Le commandement de place ou le lieutenant de roi, comme on disait alors indifféremment, lut l'ordre avec attention, et, me le remettant :

— Monsieur, dit-il, vous comprenez que je ne reconnais aucunement la suzeraineté du gouvernement provisoire. D'ailleurs, la signature du général Gérard ne présente aucun caractère d'authenticité : elle n'est point légalisée ; elle n'a pas même de cachet.

— Monsieur, répondis-je, il y a une chose qui remplacera, j'en suis sûr, d'une façon triomphante la légalisation et le cachet ; je vous donne ma parole d'honneur que la signature est bien celle du général Gérard.

Un sourire qui ne manquait pas d'une certaine ironie passa sur les lèvres de M. le commandant de place.

— Je vous crois, monsieur, dit-il ; mais je vais vous annoncer une nouvelle qui rendra toute discussion inutile : il ne doit pas y avoir en ce moment au magasin à poudre plus de deux cents cartouches. »

(Alexandre vient d'apprendre qu'à la poudrière sont disposés bel et bien deux cent livres de poudre.)

« Et, poursuit Liniers, probablement, pour mettre cet ordre à exécution, vous avez une armée ?

— Non, monsieur ; mais j'ai une volonté fort arrêtée de prendre cette poudre, attendu que je me suis engagé devant le général de La Fayette à la prendre ou à me faire tuer. C'est pour cela que je vous ai demandé l'autorisation de me faire ouvrir la porte de la poudrière, et que je vous renouvelle cette demande.

— Et, seul comme vous êtes, monsieur Dumas… Je crois que vous m'avez dit que vous vous appeliez M. Dumas ?

— Oui, monsieur, je m'appelle M. Dumas.

— Et seul comme vous êtes, monsieur Dumas, vous avez la prétention de me forcer à signer cette autorisation ?… Vous remarquerez, n'est-ce pas ? que nous sommes quatre.

Ce que j'avais remarqué, depuis un instant, à l'accent de plus en plus railleur de M. le commandant de place, et à la forme de sa phrase, c'est que la situation s'échauffait ; je m'étais, en conséquence, reculé peu à peu, afin de rester maître de la porte, et, tout en reculant, j'avais introduit mes mains dans les poches de ma veste, et j'avais, sans bruit, armé la double batterie de mes pistolets.

Tout d'un coup, je les tirai de mes poches, et, dirigeant les canons sur le groupe que j'avais devant moi :

— Vous êtes quatre, messieurs, c'est vrai… mais, nous, nous sommes cinq !…

Et, faisant deux pas en avant :

— Messieurs, leur dis-je, je vous donne ma parole d'honneur que, si, dans cinq secondes, l'ordre n'est pas signé, je vous brûle la cervelle à tous les quatre ; et je commence par vous, monsieur le lieutenant de roi… À tout seigneur, tout honneur !

En ce moment, une porte latérale s'ouvrit, et une femme au paroxysme de la terreur se précipita dans l'appartement.

— Ô mon ami, cède ! cède ! s'écria-t-elle ; c'est une seconde révolte des nègres !

Et, en disant cela, elle me regardait d'un œil effaré.

— Monsieur, fit le commandant de place, par respect pour ma femme…

— Monsieur, lui répondis-je, j'ai le plus grand respect pour madame ; mais, moi aussi, j'ai une mère et une sœur… J'espère donc que vous allez avoir la bonté de renvoyer madame, et que nous viderons la chose entre hommes.

— Mon ami, continuait de crier madame de Liniers, cède ! cède, je t'en supplie ! fais ce qu'on te demande, au nom du ciel !… Souviens-toi de mon père et de ma mère, massacrés à Saint-Domingue !

Je compris seulement alors ce que madame de Liniers avait entendu par ces mots : "C'est une seconde révolte des nègres !"

À mes cheveux crépus, à mon teint bruni par trois jours de soleil, à mon accent légèrement créole elle m'avait pris pour un nègre, et s'était laissée aller à une indicible terreur.

Cette terreur me fut, du reste, aisée à comprendre, lorsque je sus, depuis, que madame de Liniers était une demoiselle de Saint-Janvier. M. et Mme de Saint-Janvier, son père et sa mère, avaient été impitoyablement égorgés sous ses yeux dans la révolte du Cap.

— Mais, monsieur, s'écria le lieutenant de roi désespéré, je ne puis pourtant pas céder devant un homme seul !

— Voulez-vous, monsieur, que je vous signe une attestation constatant que c'est le pistolet sous la gorge que vous m'avez donné l'ordre ?

— Oui, oui, monsieur ! s'écria madame de Liniers.

Puis se retournant vers son mari, dont elle embrassait les genoux :

— Mon ami, mon ami, donne l'ordre ! répétait-elle, donne-le, je t'en supplie ! »

Moyennant quoi Alexandre se retrouve porteur de l'ordre suivant :

« J'autorise M. Alexandre Dumas à se faire livrer toutes les poudres appartenant à l'artillerie qui se trouveront dans la poudrière de Saint-Jean.

Le lieutenant de roi commandant la place
VICOMTE DE LINIERS. »

À peine est-il détenteur de ce précieux document, qu'Alexandre apprend par son nouvel ami le colonel d'Orcourt que ce ne sont pas seulement deux cents, mais trois mille livres de poudre que recèle, non la poudrière, mais un pavillon voisin… Il faudrait avoir les clés…

Alexandre lui montre une hache dont il vient de s'emparer…

« La serrure qu'il fallait faire sauter se crochait dans la muraille même ; bâtie en moellons de silex ; chaque coup mal dirigé qui, au lieu de porter sur la serrure ou sur le bois portait sur la muraille, faisait voler des millions d'étincelles.

Comme la chose n'allait pas assez vite, je soulevai jusqu'à la hauteur de ma tête la plus grosse pierre que je pus trouver ; puis, prenant la posture d'Ajax, je criai gare à Hutin, je lançai la pierre, et, sous ce dernier effort, la porte, déjà ébranlée, vola en morceaux. »

Ajax ? Hercule ? Vulcain ? Alexandre, simplement… Il gambade dans la mythologie. Mais le fait est que la mission invraisemblable qu'il s'était donnée est bel et bien remplie…

« Nous étions, enfin, devant les trois mille livres de poudre ! Nous la chargeâmes sur la voiture de poste.

Enfin, à cinq heures, nous nous mîmes en route, moi, sur le cheval, tout prêt à faire sauter la voiture, moi et une partie de la ville, si l'on tentait de s'opposer à notre sortie.

Personne ne nous fit obstacle ; quelques cris patriotiques retentirent même derrière nous…

Alors, seulement, je l'avoue, je respirai à pleine poitrine.

— Sacrebleu ! mon cher ami, dis-je à Hutin, rentrez donc dans la ville, et faites-nous venir une vingtaine de bouteilles de vin, afin que nous buvions à la santé du général La Fayette… Nous l'avons bien gagné ! »

Ce récit, qui fleure bon sa cape et son épée – sa poudre, en tout cas – a été bientôt contesté par deux historiens de Soissons, Martin et Lacroix, et, vingt-trois ans plus tard, par le chevalier de Liniers, fils du malheureux vicomte. Mais les uns et les autres mettent moins en doute l'exactitude des faits que la « dangerosité » de l'opération.

Selon eux, si Dumas réussit bien à se faire livrer la poudre, il eut moins à menacer leurs détenteurs au péril de sa vie – et de la leur – qu'à achever de convaincre des hommes qui étaient plus ou moins résignés à s'incliner. On ne s'étonnera pas que le fils du personnage berné, que des historiens dont le péché mignon est de faire peu de cas des amateurs, aient ainsi mué la poésie en prose. Alexandre courut-il moins de dangers qu'il ne le dit ? Le rapport qu'il adressa à La Fayette, dès le 9 août 1830, sonne vrai, et juste. Le fait est qu'il sut prendre des risques et qu'il remplit sa mission, plus conquérant que commissionnaire...

Le 1er août, à neuf heures, le convoi pénètre dans la cour de l'Hôtel de Ville de Paris. Dumas en surgit, encore ensommeillé, pour saluer La Fayette :

« Je trouvai le général à son poste, le gilet un peu débraillé, sa cravate un peu plus lâche... Moins heureux que moi, qui parlais encore, il ne pouvait plus qu'ouvrir les bras et embrasser... Pour moi, il fit un effort, non seulement il m'embrassa, mais il essaya de me féliciter pour ma réussite, et de m'exprimer sa satisfaction de me revoir sain et sauf... Mais la voix s'arrêta dans son gosier... »

L'aphonie du porte-drapeau de cette révolte qui s'est prise pour une révolution a d'autres causes que la fatigue. À ses côtés, l'un de ses familiers, Bonnelier, lance à Alexandre éberlué : « Quel mal nous ont donné vos républicains ! Heureusement, tout est fini ! » Il faudra expliquer au conquérant de Soissons comment, en ces quarante-huit heures d'expédition des poudres, s'est opéré l'affaissement des « Trois Glorieuses », le processus par lequel un soulèvement animé par des républicains comme Arago ou Cavaignac, s'est dilué en opération dynastique, les Orléans se substituant à la branche aînée des Bourbons.

Quel dramaturge formé à l'école de l'Ambigu aurait inventé ces journées des dupes au cours desquelles le vieux roi Charles enfermé à Saint-Cloud, rivé à sa table de whist, croque des pralines tandis que le peuple s'empare du Louvre où les Suisses se font étriper, laissant le duc d'Orléans multiplier à la fois les protestations de fidélité à la branche aînée et les manœuvres de ses mandataires, Thiers, Laffitte, Odilon Barrot...

Le duc d'Orléans ne se décide enfin à accepter la « lieutenance générale » du royaume, puis le titre de « Philippe VII », enfin celui de « Louis-Philippe, roi des Français », que sur l'avis d'un homme mystérieux, calfeutré à l'angle de la rue de Rivoli et de la rue Saint-Florentin qui a tout vu et, jusque-là, rien dit : Charles-Maurice de Talleyrand-Périgord, prince de Bénévent.

Louis Blanc, excellent historien de ces extravagantes journées, raconte, dans l'*Histoire des dix ans*, que le 29 juillet 1830, vers minuit, une fenêtre de l'appartement du ci-devant évêque d'Autun, Talleyrand, s'ouvrit timidement, faisant s'élever une voix grêle et cassée :

« M. Keiser, que faites-vous ?

— Je regarde ce qui se passe dans la rue, Mon Prince...

— Vous allez être la cause qu'on pillera mon hôtel...

— Il n'y a pas de danger, Mon Prince : les troupes battent en retraite, et le peuple ne pense qu'à les poursuivre...

Alors le prince se leva, fit en boitant quelques pas vers la fenêtre, et dit : "M. Keiser, notez sur vos tablettes que ce 29 juillet, à minuit et cinq minutes, la branche aînée des Bourbons a cessé de régner sur la France..."

Deux jours plus tard, au nom du duc d'Orléans, le général Sébastiani vint interroger l'oracle. Que doit faire le chef de la branche cadette, assumer la succession offerte ? "On" lui a donné une heure pour se décider :

"Qu'il accepte..."

Moyennant quoi, en trois jours, le duc d'Orléans se reconnaît tour à tour lieutenant-général du royaume, Philippe VII et Louis-

Philippe. C'est alors qu'il est porteur du premier de ces titres que, recevant Alexandre Dumas rentré la veille de Soissons, il lui lance : "Monsieur Dumas, vous venez de faire votre plus beau drame !" »

Mot que rapporte Alexandre, au fil d'un récit vivemment hostile au nouveau souverain, qui reste, jusqu'à nouvel ordre, son « patron »… Pour se référer expressément à l'expédition de Soissons, ce mot n'en traduit pas moins un certain mépris pour ce que vient de vivre, d'accomplir, de risquer le fils du général Dumas… Drame ?

Et pourquoi pas comédie, mon prince ?

Comme pour mieux marquer l'étrangeté du mélange des genres, dût-il s'agir de cet homme, Alexandre Dumas, dont il n'est pas un mot qui n'évoque l'action militante, musculaire, et dont il n'est pas un acte qui n'ait une sonorité, une immédiate traduction esthétique, sinon poétique, on va voir surgir au plus fort des débats civiques où s'agite, le 3 août, notre républicain couvert de poudre, ce Charles Harel, directeur de l'Odéon, qui est si puissamment lié à sa carrière dramatique : « Alexandre, j'ai une idée de pièce ! »

On verra quelle fut cette idée, et comment Dumas la repoussa au départ. Mais on voudrait citer d'abord la première réflexion que l'offre d'Harel inspira à Alexandre, cet homme de mots qui est alors un homme de gestes :

« Il y avait une chose qui me semblait étrange en un pareil moment : c'est que l'on pût songer à prendre une plume, à aligner des lettres sur le papier, à faire un livre, à composer un drame. »

C'est Alexandre Dumas, « l'homme-en-forme-de-phrases », qui écrit cela, lui qui vient de montrer au monde – et à lui peut-être – qu'il y a quelque chose au-delà des mots…

Chapitre XII

Un « bleu » chez les Chouans

*Une fringale de revanche républicaine ✦ La Vendée,
de nouveau ? ✦ Un déjeuner chez La Fayette
✦ En uniforme bleu... ✦ Le Chouan bénéfique ✦
D'un chemin creux à l'autre ✦ Percer des routes !
✦ La Vendée à venir...*

Est-ce parce qu'il sent en lui l'emporter le génie de l'action ?
Parce qu'il ressent, comme il le dit dans les *Mémoires* « une
grande défaillance à l'endroit de la poésie ou de la prose » ?
Exaltation du politique ou défaillance du littéraire ? Victoire
des « Glorieuses » sur la gloire dramatique ?

Le fait est que la chute de la monarchie absolue, parce qu'elle
ne débouchait pas sur la vraie victoire de la liberté, c'est-à-dire
l'instauration de la république, provoqua en Dumas une fringale
de revanche active, la résolution de « finir le travail ». En lui le
dramaturge sent que le cinquième acte est bâclé, ou non écrit.
Et ce qui a été manqué sur le plan des institutions, l'avènement
de cette monarchie bâtarde qui, sous le regard indulgent de son
cher Béranger, rejette dans l'ombre les vainqueurs de juillet, les
Arago, les Baude et les Cavaignac – en attendant La Fayette, au
bénéfice de M. Laffitte –, doit être racheté, corrigé ou complété
sur le plan de l'action, ou mieux des réalités nationales.

Si la république n'a pas été fondée, ce qui importe en tout cas, c'est que soit préservé l'espace de libertés fondamentales que le peuple français a su, en un peu moins d'un demi-siècle, arracher aux prépondérants. Mais il faut ici donner la parole à Alexandre Dumas, ce « saltimbanque » dont la conscience politique va ici au-delà de celles des notables qui se chargent des responsabilités nationales et n'ont d'yeux que pour le pré carré que forment le Louvre, Versailles, Saint-Cloud et Rambouillet.

Écoutons l'auteur des *Mémoires*, dont le propos n'a peut-être sur bien des points qu'un mince rapport avec les faits, mais sert toujours à l'intelligence de l'histoire. Nous sommes au début d'août 1830. Louis-Philippe est sur le trône :

« J'eusse voulu pouvoir rendre un service quelconque à la France ; je n'admettais pas que tout fût fini ; il me semblait qu'il y avait encore, dans tel coin de ce grand royaume, quelque chose à faire, et qu'un si puissant orage ne pouvait pas s'être ainsi calmé tout à coup. Enfin, j'avais le dégoût, je dirai presque la honte de ce qui se tripotait à Paris.

Pendant deux ou trois jours, je cherchai ce que je pouvais faire en dehors de ma vie habituelle, en dehors de mon passé, en dehors de mon avenir ; j'aurais pu entrer au Palais-Royal, demander une mission quelconque, me faire envoyer en Prusse, en Russie[54], en Espagne...

Je tournai les yeux vers la Vendée.

Il y avait peut-être quelque chose à faire de ce côté-là.

À Saint-Cloud, Charles X avait eu un moment d'hésitation ; on lui avait parlé de la Vendée, et peu s'en était fallu qu'il ne s'y jetât...

Sans doute, Charles X avait repoussé cela... Il allait gagner Cherbourg, et s'embarquer pour l'Angleterre, abattu et cons-

---

[54] On lui a offert de participer à une mission à Saint-Pétersbourg.

terné ; mais, si l'ombre des victimes de Quiberon lui interdisait la Vendée, à lui, la Vendée était ouverte aux autres membres de sa famille.

Il me semblait qu'il fallait réagir d'avance contre une future Vendée ; que ce serait prudent, que ce serait politique, que ce serait humain. »

Mais comme il n'est pas un surhomme, ni Brutus, ni Cromwell, comme il est un homme bon et drôle, il ajoute, à cette tirade, ces simples mots : « Peut-être aussi me semblait-il cela parce que j'avais envie de faire un voyage en Vendée. »

On s'étonne que les *Mémoires* fassent à ce point le silence sur les relations, pendant ces quelques semaines, entre Alexandre et Mélanie, dont il va être l'hôte à La Jarrie, proche de Nantes, et qui accouche alors d'un enfant mort-né qui ne saurait être que le sien… Certes, les *Mémoires* sont écrits vingt ans plus tard, alors que Mélanie a été supplantée par bien d'autres encore que par Belle Krelsamer. Mais tout de même…

Tout aussi surpenant : Alexandre ne fait ici aucune référence au rôle joué par son père pendant la guerre de Vendée, rôle abrégé par le fait que chargé de réprimer le soulèvement, il fut le premier des chefs militaires républicains à préconiser des méthodes autres que le massacre des Chouans, ce qui ne servit pas sa carrière.

Quoi qu'il en soit, Alexandre va s'ouvrir de son projet au général La Fayette, qu'il n'a pas revu depuis son expédition de Soissons.

« Ah ! me dit-il, vous voici enfin !… Comment, vous ayant vu pendant le combat, ne vous ai-je pas revu après la victoire ?

— Général, je viens en solliciteur.

— Voudriez-vous une préfecture, par hasard ?

— Non, Dieu m'en garde ! Je voudrais aller en Vendée.

— Pour quoi faire ?

— Pour y organiser une garde nationale…

— Venez déjeuner avec moi un de ces matins, et nous causerons de cela. »

Le lendemain, le 6 août, La Fayette accueille Dumas dans son cabinet.

« Parlons d'abord, me dit-il, de votre projet sur la Vendée. Y avez-vous réfléchi ?

— Autant que je suis capable de réfléchir à quelque chose ; je suis un homme d'instinct, et non de réflexion, moi.

— Voyons, dites-moi bien la proposition que vous me faites.

— Je vous propose de m'envoyer en Vendée pour voir s'il ne serait pas possible d'y organiser une garde nationale qui gardât le pays elle-même, et s'opposât à toute tentative royaliste, dans le cas où cette tentative aurait lieu.

— Et comment croyez-vous possible de faire garder par lui-même un pays royaliste contre une tentative royaliste ?

— Général, lui dis-je, voici peut-être où je commets une erreur, mais écoutez-moi d'abord, car il me semble que ce que je vais vous exposer n'est pas tout à fait dénué de raison ; et ce qui peut, au premier coup d'œil, vous paraître inapplicable, est, cependant, à mon avis, chose sinon facile, du moins possible.

— Allez, je vous écoute.

— La Vendée de 1830 n'est plus celle de 1792 ; la population, composée autrefois de nobles et de métayers seulement, s'est accrue, depuis lors, d'une nouvelle classe sociale qui s'est glissée entre les deux autres : c'est celle des propriétaires de biens nationaux. Quoique cette grande œuvre de la division territoriale, qui était la pensée intime, ou qui fut le résultat des mesures de la Convention, comme vous le voudrez, ait eu plus de peine à s'établir dans le pays dont nous nous occupons, combattue qu'elle a été par la double influence des prêtres et de la noblesse, et surtout par ce terrible dissolvant qu'on appelle la guerre civile, il y a peu de grands propriétaires qui n'aient laissé quelques lambeaux de leur héritage aux mains de la Révolution. Eh bien, général, ces lambeaux ont formé la propriété secondaire, dans laquelle est l'esprit de progrès et de liberté, parce que le progrès et la liberté peuvent seuls lui assurer la tranquille possession de ces biens, que toute contre-révolution remettra en doute. C'est elle, n'avez-vous pas songé quelquefois à cela, général ? C'est cette classe secondaire qui nous envoie, depuis 1815, des députés patriotes ; c'est elle, enfin, qui, joyeuse de la révolution de 1830, parce qu'elle y reconnaîtra, quoique un peu mutilée, la fille de la révolution de 1792 ; c'est elle qui, voyant dans cette révolution une nouvelle consécration de la vente des biens nationaux, doit, par conséquent, soutenir cette révolution de tout son pouvoir. Or, je vous le demande, général, par quel moyen peut-elle mieux la soutenir que par l'organisation d'une garde nationale chargée de veiller sur la tranquillité du pays, et qui, composée d'une classe assez nombreuse pour obtenir la majorité aux élections, sera naturellement aussi assez nombreuse pour imposer, à main armée, sa volonté pacifique au pays ?... Vous voyez, général, que mon projet est presque une solution algébrique, solide comme tout ce qui repose sur des chiffres, et que, logique dans la pensée, il est, par conséquent, possible dans l'exécution.

— Ah ! ah ! mon cher poète, me dit La Fayette, nous aussi, nous faisons donc de la politique[55] ?

---

[55] L'ironie de M. de La Fayette est bien courte : car si ce que dit Alexandre est bien « de la politique », c'est de la meilleure, et plus pertinente !

— Général, lui répondis-je, je crois que nous sommes à une époque de genèse sociale à laquelle tout homme est appelé à contribuer de sa force ou de sa pensée, matériellement ou intellectuellement, le poète avec sa plume, le peintre avec son pinceau, le mathématicien avec son compas, l'ouvrier avec sa règle, le soldat avec son fusil, l'officier avec son épée, le paysan avec son vote. Eh bien, j'apporte ma part comme poète ; ma part, c'est la volonté de bien faire, le mépris du danger, l'espérance de réussir. Je ne me donne pas pour plus que je ne vaux, et, à la rigueur, ne me prenez pas même pour ce que je me donne, mais pour ce que vous m'estimez.

— C'est bien… Après le déjeuner, vous aurez votre lettre. »

Qu'il soit le fruit d'une réflexion postérieure ou non — les *Mémoires* furent rédigés près de vingt ans plus tard — cet exposé magistral de sociologie politique avait de quoi éblouir, avant nous, le bon général. D'où la lettre d'accréditation qu'il remit aussitôt à l'ingénieux inventeur de cette mission moins mirobolante, plus judicieuse qu'on ne l'attendrait d'un saltimbanque :

« M. Alexandre Dumas est autorisé à parcourir, comme employé spécial, les départements de la Vendée, de la Loire-Inférieure, du Morbihan et de Maine-et-Loire et à s'entendre avec les autorités locales pour la formation d'une garde nationale.

Nous recommandons M. Alexandre Dumas, excellent patriote de Paris, à nos frères les patriotes de l'Ouest.

Salut et fraternité,

LA FAYETTE. »

Curieux texte, où le « nous » royal cohabite avec la formule de « patriote », substituée à celle de « républicain » et qui fleure bon son 1793 ! Le fait est que voilà notre mousquetaire investi d'une mission historique par l'homme qui, en ce mois d'août 1830 incarne, mieux que le roi, le peuple de France...

Sur quoi cet ingénieux politique a l'idée absurde de demander l'autorisation de « porter un uniforme quelconque », l'homme de théâtre reprenant le dessus ! La Fayette lui objecte justement que c'est là le moyen d'attirer sur lui l'animosité des Chouans. « Il y a beaucoup de chemins creux dans le bocage, et un coup de fusil est bientôt lâché... » Alexandre Dumas préfère la gloire à sa sécurité : il aura son uniforme (« d'aide de camp ») et correspondra directement avec La Fayette.

Et, le 10 août, le voilà en diligence (et en uniforme de drap bleu, avec shako, épaulettes, sabre et ceinturon) en partance pour l'Ouest – avant d'enfourcher un cheval à partir de Meurs, où les « bleus » avaient été vaincus par les Chouans en 1793. Mais si la vue de son uniforme a soulevé l'enthousiasme jusqu'à Blois, elle suscite l'animosité à partir d'Angers : plus il avance vers l'Ouest, et moins bien il est reçu. « À Chemillé, mon uniforme fit presque une émeute. » Il se refuse bien sûr à se changer, et arme son fusil...

Du côté de Cholet, au cœur même du bocage, un paysan, hors d'haleine, le rattrape. « Vous m'avez sauvé des galères[56] ! Laissez-moi vous sauver... On ne vous appelle que "le monsieur tricolore !" De grâce, permettez-moi de vous accompagner... » Et c'est grâce à un Chouan dont il est, presque à son insu, le bienfaiteur, que ce « bleu » parvient sans encombre à La Jarrie, au cœur du « bocage ». Poussant jusqu'à Clisson, il constate que s'y organise déjà, sans lui, une « garde nationale », composée d'une douzaine de braves citoyens. Mais plus il parcourt, avec son guide, le bocage,

---

[56] Accusé de trafiquer de la fausse monnaie, le malheureux venait d'être innocenté par le témoignage d'Alexandre – qui s'était porté garant de son innocence.

de Torfou à Tiffauges, plus il se persuade que le pays des Chouans est d'abord – Romains, Carolingiens, Bourbons ou pas – une terre d'indépendance, d'insoumission… « C'est un pays à part ! »

Et c'est sur ce thème qu'après six semaines de séjour dans les chemins creux de ce pays si singulier en compagnie d'un Chouan dévoué à sa vie, sinon à ses idées, qu'il rédige à l'intention de La Fayette un de ses textes les plus étonnants, ce rapport sur la Vendée qui révèle en lui un magistral sociologue politique – et, soit dit en passant, fait regretter qu'il n'ait pas écrit son *Quatre-Vingt-Treize* à lui, une épopée maléfique de la Chouannerie, des Charrette, des Stofflet et des La Rochejaquelein – et de leur meilleur adversaire, le général Dumas…

Mais peut-être son vrai « savoir », acquis ici en quelques semaines de vagabondage périlleux, aurait-il nui à la verve débridée du romancier ? Peut-être, plutôt qu'un Marseillais ou un Auscitain, fallait-il être un indigène du Valois pour évoquer les eaux bleues du château d'If et les gasconnades de M. d'Artagnan ?

Reste, de cette aventure, le très remarquable rapport que « le monsieur tricolore », arraché aux pièges des « chemins creux », et après un détour par Nantes et quelques escapades nautiques, remit en septembre au général La Fayette, qui le communique au roi, provoquant un entretien qu'on relatera au chapitre suivant :

« Aucune contrée de la France ne ressemble à la Vendée.
Peu de grandes routes la traversent.
Les autres moyens de communication, et, par conséquent, de commerce, consistent en chemins de quatre ou cinq pieds de large bordés, de chaque côté, par un talus rapide couronné lui-même d'une haie vive… Les autres haies qui servent de limites aux champs des particuliers, lesquels champs se trouvent, par ce système, convertis en autant d'enclos n'ayant presque jamais plus d'un ou deux arpents.

Ces haies expliquent toute la tactique de la guerre vendéenne : tirer à coup sûr, sans pouvoir être aperçu ; fuir, quand on a tiré, par le passage, sans risquer d'être atteint. Aussi en acceptant cette belle harangue de La Rochejaquelein : "Si j'avance, suivez-moi ; si je recule, tuez-moi ; si je meurs, vengez-moi !" les chefs n'en proféraient-ils guère d'autres, avant le combat, que celle-ci, plus simple et surtout plus claire pour les paysans : "Égayez-vous, mes gars !"[57]

Et alors, chaque buisson cachait un homme et son fusil ; devant, derrière, sur les deux côtés de l'armée en marche, les haies s'enflammaient, les balles se croisaient en sifflant, et les soldats tombaient avant d'avoir eu le temps de distinguer de quel côté soufflait cet ouragan de feu ! Enfin, las de voir s'entasser les morts au fond des défilés, les bleus s'élançaient de chaque côté, gravissaient le talus, escaladant la haie, et perdant encore, dans cet assaut, la moitié de leurs hommes ; puis, arrivés au faîte, ils voyaient subitement le feu cesser ; tout avait disparu comme par enchantement, et ils n'apercevaient plus, aussi loin que la vue pouvait s'étendre, qu'un pays dessiné gracieusement comme un jardin anglais...

Ces chemins, ou plutôt ces défilés, qui paraissent, au premier abord, n'avoir été creusés que par le sabot des bœufs, sont, en raison des inégalités du terrain, de véritables escaliers, où les petits chevaux du pays peuvent seuls marcher d'un pied sûr... L'hiver, ces chemins creux qui feraient tourner la tête d'un Basque sont impraticables ; la moindre pluie fait de chacun d'eux le lit d'un torrent ; et, alors, pendant quatre mois de l'année à peu près, les communications s'établissent à pied et à travers terres.

---

[57] Que l'on écrirait plutôt « égaillez-vous », l'orthographe de Dumas évoquant davantage la fête.

Ce tableau, d'ailleurs, quant aux chemins et aux cavaliers qui les fréquentent, commence à être moins exact pour les départements de la Vendée et de la Loire-Inférieure, où Bonaparte a fait percer des routes : mais il l'est encore pour le département des Deux-Sèvres, et surtout pour la partie méridionale du département de Maine-et-Loire.

C'est aussi dans cette dernière partie que s'est réfugiée la Vendée politique. L'opposition à tout gouvernement libéral est là flagrante et vivace…

La Vendée se trouve donc enfermée aujourd'hui dans un seul département, sans issue pour attaquer et pour fuir.

Quatre classes d'individus bien distincts s'agitent au milieu de cette fournaise politique : les nobles ou *gros*, le clergé, la bourgeoisie, les paysans ou métayers.

La noblesse est entièrement opposée à tout système constitutionnel ; son influence est à peu près nulle sur la bourgeoisie, mais elle est immense sur les métayers, qui sont presque tous à ses gages.

Le clergé partage l'opinion de la noblesse, et a, de plus que lui, l'influence de la chaire et du confessionnal.

La bourgeoisie est ainsi le centre du triangle que forment la noblesse imposant ses opinions, le clergé les prêchant, et le peuple les acceptant. Aussi, la proportion des libéraux dans ce département – je parle de l'intérieur – est-elle à peine de un à quinze ; aussi le drapeau tricolore n'existe-t-il nulle part, malgré l'ordre formel du préfet ; aussi les prêtres ne chantent-ils pas le *Domine salvum*, malgré le mandement de l'évêque… Partout le drapeau blanc semble, par sa nudité, protester contre le drapeau tricolore ; mais les prêtres recommandent en chaire de prier pour Louis-Philippe, qui *ne peut manquer d'être assassiné*.

L'agitation est donc continuelle.

Parmi les villes et les villages qui ne cachent en aucune façon l'espoir d'un prochain soulèvement, il faut compter en première ligne Beaupréau, Montfaucon, Chemillé, Saint-Macaire, Le May et Trémentines.

Le cœur de la révolution royaliste est à Montfaucon ; fût-elle éteinte par toute la France, là on sentirait encore battre l'artère de la guerre civile. Cette révolution éclaterait infailliblement par la présence du dauphin, de Madame, ou même tout simplement le jour où il y aurait déclaration de guerre entre la France et une puissance étrangère quelconque, mais surtout si cette puissance était l'Angleterre, laquelle, pour la troisième fois, jetterait des armes et des hommes sur les côtes, éloignées seulement de dix à onze lieues du département de Maine-et-Loire, où ces hommes et ces armes pénétreraient sans obstacle par l'ouverture qui se trouve entre Clisson et Cholet.

Les moyens de prévenir une insurrection nous paraissent être ceux-ci :

1° Percer les routes.

En général, le peuple ne voit, dans une route percée à travers un pays impraticable, qu'une facilité donnée au commerce de s'étendre. Le gouvernement, s'il est libéral, y verra, de son côté, un but politique : la civilisation suivra le commerce, et la liberté, la civilisation…

Le commerce qui s'établirait sur ces routes serait celui des vins d'Anjou, des bestiaux de Bretagne et des toiles de Cholet ; il ne peut se faire maintenant qu'à dos d'homme ou sur des charrettes à bœufs, qui ne versent pas, mais qui, en raison des mauvais chemins, nécessitent parfois, pour une seule voiture très peu chargée, un attelage de huit ou dix bêtes.

Les routes devraient être faites par les ouvriers du pays, parce qu'elles répandraient quelque argent dans la classe pauvre ; parce que les paysans connaissent les endroits d'où l'on peut tirer le meilleur cailloutis ; parce que les nobles, dont l'intention positive est de s'opposer à l'ouverture de ces routes, soulève-raient facilement les paysans contre les ouvriers étrangers.

2° Transporter[58] dans des villages au-delà de la Loire dix ou douze prêtres, en ajoutant à leurs appointements une centaine de francs, pour les empêcher de crier au martyre – et notamment ceux de Tiffauges, de Montauban, de Corfou et de Saint-Crespin.

Envoyer, à leur place, dans ces paroisses, des prêtres dont le gouvernement serait sûr.

Ils n'auraient rien à craindre, leur caractère les rendant sacrés pour tout paysan, qui pourra haïr l'homme, mais respectera la soutane.

3° Une grande partie des nobles qui se rassemblent, afin d'aviser aux moyens de ranimer la guerre civile, jouissent de pensions assez considérables que le gouvernement continue à leur payer : rien de plus facile que de les prendre en flagrant délit ; dès lors, le gouvernement pour cesser, avec justice, de payer ces pensions, et les répartir, par portions égales, entre les anciens soldats vendéens et républicains, dont les haines mutuelles s'amortiront ainsi de trimestre en trimestre.

De cette manière, il n'y aura plus, dans l'avenir, de Vendée possible, puisque, à la moindre émeute, le gouvernement n'aura qu'à étendre le bras et à disposer ses troupes sur les grandes routes pour isoler les rassemblements.

Et que l'on ne croie pas que ces hommes, éclairés depuis 1792, soient arrivés à ne plus se lever pour le fanatisme et la supersti-tion : on se tromperait étrangement ; ceux mêmes que la cons-cription de Bonaparte a tirés de leurs foyers et promenés par le monde ont perdu graduellement, depuis qu'ils sont rentrés dans leurs chaumières, leur instruction momentanée pour reprendre leur ignorance primitive.

---

[58] C'est-à-dire déporter…

Au bout de six semaines, grâce à mon guide, qui m'avait accompagné partout, je connaissais aussi bien qu'un habitant du pays, et peut-être même beaucoup mieux, non seulement la Vendée passée, mais encore la Vendée à venir. »

Avant de mesurer l'effet que produisit ce rapport sur La Fayette – qui l'approuva – et sur le roi Louis-Philippe, qui le reçut fort mal, avec les conséquences que nous dirons, on voudrait saluer la pertinence et le brio dont fait preuve ici notre dramaturge en uniforme.

Quel préfet envoyé en mission, quel sociologue d'avant Auguste Comte ou Émile Durkheim, *a fortiori* quel journaliste de ce temps (ou du nôtre !) aurait été capable de résumer ainsi en quelques pages l'état de la Vendée en 1830, à partir de faits historiques établis et d'observations de voyageur pénétrant ?

Diable d'homme que ce Dumas ! La France d'entre Fouché et Clemenceau connut-elle beaucoup d'hommes aussi capables de courage et de lucidité que ce dramaturge lancé, par une conjonction invraisemblable de chance et de volonté, au cœur de l'histoire en fusion ?

Il était beau de jeter un œil si vif sur une des tragédies nationales. Il était plus beau encore de tenter, au péril de sa vie, déguisé en « bleu », d'y trouver des remèdes à force de routes, de bons curés et d'enseignement judicieux.

Que de dons… Que de cœur ! Nous allons voir, ou vérifier, que ni les uns, ni l'autre, pas plus que la vertu, ne « conduisent à l'empire ».

D'aucuns, lisant ce récit qui doit tout aux *Mémoires* d'Alexandre, s'étonneront que tant de crédit soit fait à un écrivain devenu entre-temps romancier. Dans un tel cas, il n'est pas interdit de mettre l'accent sur le vrai qui, pour être moins connu, peut l'emporter sur l'imaginaire.

Chapitre XIII

Enfermé avec Napoléon

La nostalgie bonapartiste ✦ *Fils du général Dumas*
✦ *Une idée de M. Harel…* ✦ *ou de Mlle George ?* ✦
« Vous serez enfermé huit jours dans cette chambre… »
✦ *À grands coups de ciseaux…* ✦ *Le rôle de l'espion* ✦
« Je fus presque de l'avis des siffleurs… »
✦ *La gloire, tout de même…*

Mais la gloire va-t-elle, en ce temps-là, sans qu'un rayon émane de Sainte-Hélène ? Sept ans après la publication du *Mémorial* de Las Cases, dix ans avant le retour des cendres de l'empereur, il règne comme une fièvre napoléonienne, ou mieux une nostalgie d'épopée. On l'a bien vu, sur le mode grotesque, quand, le 28 juillet 1830, un bouffon déguisé en empereur et juché sur un cheval blanc a paru, place de l'Odéon : cette femme tombant à genoux[59]…

Alexandre n'est pas de ces fiévreux-là. Il est même de ceux qui ont tenté, tout au long des « Glorieuses », de tenir à l'écart les bonapartistes. Et sa mémoire familiale n'est pas faite pour inciter cet amoureux de la République à l'entretien d'une telle nostalgie. Il a mesuré, arrivant à Paris, ce que valaient les fidélités des plus

---

[59] La scène est rapportée au chapitre x.

illustres « grognards ». Et s'il déteste Talleyrand, c'est beaucoup en raison de son ralliement à l'Empire.

Mais Alexandre garde le souvenir des deux passages à Villers-Cotterêts, avant et après Waterloo, de l'homme à la redingote grise. Ce profil, ce parfum de légende… Et un peu plus tard, le souvenir de l'incarnation de Talma… Quel sujet, messeigneurs, quelle puissance de nostalgie, quel feu dans cet artifice ! Ô Alexandre ! Tu écrivais des drames historiques en ce siècle-là : toi qui as fait rugir le duc de Guise, tu n'as pas su faire se dresser, et s'abattre le colosse de Marengo et de Wagram ! Quel souci as-tu donc de ta gloire, de cette conquête de Paris qui fut si longtemps l'objet de tes rêves, de tes enthousiasmes ? Qu'as-tu fait de ta verve, de ton sens de l'histoire ?

Peut-être n'y avait-il jamais pensé, Alexandre ; et à coup sûr il n'y pense pas quand, le 2 août au matin, alors qu'il s'apprête à rejoindre une troupe mobilisée pour couper la route à un éventuel retour en force que Charles X préparerait à Rambouillet, surgit chez lui, on s'en souvient, son ami Charles Harel, l'homme de l'Odéon. « J'ai une idée de pièce… et une bonne… » — « Tiens donc… Vous me la communiquerez à mon retour de Rambouillet ! »

Il n'ira que jusqu'à Versailles, Charles X ayant pris, lui, sur les conseils de Marmont, expert en retraite, le chemin de l'Angleterre. Mais le lendemain, harassé par tant de fausses manœuvres, c'est dans son lit qu'il reçoit l'ingénieux Harel : « Quelle est cette idée de pièce qui doit faire courir tout Paris ? » Et l'autre triomphant, et assuré de son effet : « *Napoléon*, par Alexandre Dumas ! »

L'idée est-elle de lui, se demande *in petto* Alexandre, ou de Mlle George ? Elle devait bien cela à l'empereur qui avait daigné s'aliter avec elle, la somptueuse ? Du point de vue « spéculation », convient Dumas, l'idée est superbe. Mais sa réponse est claire :

« Le mal que Bonaparte a fait à ma famille me rend peut-être injuste pour Napoléon ; d'ailleurs, il me paraissait impossible d'écrire un pareil drame sans soulever les passions mauvaises. Je refusai donc.

"Vous réfléchirez…" fait Harel, qui me quitte comme Louis-Philippe venait de quitter les républicains en chantant : *Il ne faut pas dire "Fontaine…"* »

Charles Harel pouvait faire le bouffon, jeter en vrac les bons mots attribués ensuite à Talleyrand, il avait le sens des affaires, de la suite dans les idées (surtout si elles étaient partagées ou inspirées par George) et de gros moyens…

Trois mois plus tard, le 8 octobre 1830, recevant une lettre de Harel, Alexandre ne l'ouvre qu'avec effroi, persuadé que son ami revient à la charge « à propos de ce malheureux drame de Napoléon, qui était devenu mon cauchemar ». Non : le directeur de l'Odéon lui envoie des places de théâtre pour le 11 octobre – places qu'il partagera avec son ami Nodier – et l'invite à souper après le spectacle. « Je ne reconnaissais pas mon Harel. Je commençais à croire qu'il avait donné la pièce à faire à un autre… » (Alexandre serait-il dépité ?)

Il s'en étonne d'autant plus qu'un *Napoléon à Schönbrunn* fait alors des recettes fabuleuses au théâtre de la Porte-Saint-Martin que dirige Crosnier, rival s'il en fut de Harel. Un navet ? Il s'agit de Napoléon : c'est un triomphe…

Le 11 octobre 1830, on soupe donc chez George et Harel, avec des comédiens, des écrivains, des journalistes, et Dumas n'a pas de mal à briller, héros des « Trois Glorieuses », déjà entré dans une prestigieuse opposition au pouvoir.

« Le souper fut un de ces bons et charmants soupers comme nous en donnait George, splendide reine de ces sortes de fêtes, où, avec ses mains de déesse, elle servait les plus beaux fruits de Chevet.

Quant à l'esprit, on ne pouvait rien avoir de mieux : Harel, Jules Janin, Lockroy.

Nous étions encore à table à trois heures du matin.

Cependant, une chose m'inquiétait : il y avait dans l'atmosphère de ces signes qui indiquent une conspiration ; des coups d'œil se croisaient, des sourires se répondaient, des demi-mots s'échangeaient.

Quand je demandais des explications, tout le monde se regardait d'un air étonné ; on riait à ma barbe ; j'avais l'air d'arriver de Carpentras.

On se leva de table. George m'emmena dans sa chambre sous prétexte de me montrer quelque chose de très beau. Que me montra-t-elle ? Je ne saurais trop le dire ; seulement, ce qu'elle me montra était si beau, que je fus plus d'un quart d'heure à revenir dans le salon. »

Ici, le lecteur, si innocent soit-il, ne peut que s'interroger. Que lui montra-t-elle, la chère George, qui fut plus beau qu'elle, en sa vérité ? Et que lui montra-t-elle qu'il ne connut déjà ?

« Quand j'y revins, Lockroy et Janin avaient disparu. Harel seul restait.

Trois heures et demie venaient de sonner ; je pensai qu'il était temps de me retirer, je pris mon chapeau, et voulus sortir par où j'étais entré.

— Non, non, me dit Harel, tout le monde est couché… Suivez-moi par ici.

Je le suivis sans défiance.

Nous traversâmes de nouveau la chambre de George, puis un cabinet de toilette ; puis, enfin, nous entrâmes dans une chambre que je connaissais pas.

Deux bougies brûlaient sur une table chargée de livres de toutes les dimensions, de plumes de toute sorte. Un excellent lit dont la couverture était faite resplendissait dans l'ombre, sous le contraste de ses draps et de son édredon pourpre. Il y avait sur la descente du lit en peau d'ours, des pantoufles toutes préparées. D'un côté de la cheminée, une causeuse de velours ; de l'autre côté, un grand fauteuil en tapisserie.

— Tiens, dis-je, voici une bonne chambre, bien confortable ; on doit bien y dormir et bien y travailler.

— Ah ! dit Harel, ma foi ! Je suis enchanté qu'elle vous plaise.

— Pourquoi cela ?

— Parce que c'est la vôtre.

— Comment, la mienne ?

— Oui… Et, comme vous n'en sortirez pas que vous n'ayez fait mon *Napoléon*, il faut que vous vous trouviez bien pour ne pas être de trop mauvaise humeur pendant votre emprisonnement.

Un frisson me courut par tout le corps…

— Harel ! m'écriai-je, pas de bêtises, mon ami !

— Justement, pas de bêtises !… Vous en avez fait une grande de ne pas vous être mis à l'ouvrage quand je vous l'ai demandé… J'en ai fait une grande en ne commandant pas la pièce à un autre… mais je vous en avais parlé, et je n'ai qu'une parole. Je trouve donc que nous avons été suffisamment bêtes tous les deux, pour des gens d'esprit, et qu'il est bien temps que nous redevenions spirituels.

— Allons donc ! Vous n'y pensez pas ! Je n'ai pas le moindre plan arrêté pour votre *Napoléon*.

— Vous m'avez dit que vous aviez refait *Christine* dans une nuit.

— Il me faut des livres… Bourrienne, Norvins, *Victoires et Conquêtes*…

— Voici *Victoires et Conquêtes* dans un coin ; voici Bourrienne dans l'autre ; voici Norvins sur la table.

— Il me faut le *Mémorial de Sainte-Hélène*.

— Le voici sur la cheminée.

— Mon fils…

— Il viendra demain dîner avec nous.

— Ma maîtresse[60].

— Ah ! me dit George en entrant, vous venez de vous en passer pendant six semaines[61] ; vous vous en passerez bien pendant quinze jours, de votre maîtresse.

Je me mis à rire.

— La préviendra-t-on, au moins ?

— Elle est prévenue.

— Par qui ?

— Par moi, dit Harel, et elle a déjà reçu sa prime.

— Laquelle ?

— Un bracelet.

Je pris les deux belles mains de George, et, m'adressant à Harel :

— Ma foi ! mon cher ami, lui dis-je, vous faites les choses de façon qu'il n'y a pas moyen de vous refuser… Demain, je me mets à votre *Napoléon*, et, dans huit jours, vous l'aurez.

— Vous êtes bien pressé de nous quitter, mon cher ! dit George en relevant sa lèvre d'impératrice.

— Bon ! dis-je, la pièce sera finie quand elle sera finie… Ce n'est pas moi qui suis pressé, c'est Harel…

— Harel attendra, dit George avec ses airs de Cléopâtre et de Médée.

Je m'inclinai ; je n'avais plus rien à dire. Harel me montra un cabinet de toilette et ses dépendances, me fit observer que ma

---

[60] Alors Belle Krelsamer.
[61] En Vendée.

chambre n'avait d'autre issue que celle de George, sortit avec elle, et m'enferma.

On avait poussé l'attention jusqu'à envoyer chercher chez moi mon pantalon à pieds.

Le même soir, ou plutôt le même matin, je me mis au travail, et je trouvai le rôle de l'espion et la division du drame. Le rôle de l'espion trouvé, tout l'était. Quant à la division du drame, elle était donnée par l'histoire elle-même. »

Le ralliement, tout de même, pour ne pas dire cette soumission, étonne. Est-ce là le formidable Dumas, qui vient de soulever Paris et d'y ramener les poudres de Soissons ? George, bien sûr, George, Cléopâtre et Médée tout à la fois – et qui, sur Napoléon, avait des choses à dire –, George, dont la chambre était contiguë à celle d'Alexandre, et par laquelle il fallait passer pour sortir… A-t-on jamais vu directeur de théâtre disposer d'une telle arme, s'agissant du fougueux M. Dumas ? On le privait certes de Belle aux yeux de jais, mais George était là, objet de désir et document d'histoire. Son souffle si proche, et avec lui, celui de l'empereur…

Bien sûr, il y a d'autres versions à l'affaire. Claude Schopp cite une lettre à Mélanie où Alexandre assure qu'il n'« ose pas faire (la pièce) en (son) nom », que Cordelier-Delanoue[62] l'endossera et que lui-même en tirera le bénéfice financier sans que personne sache qu'il en est l'auteur. La suite prouvera le contraire.

Bref, il céda. Pour la gloire ? Pour les rondeurs de George (que Victor Hugo, qui ne l'aimait pas, jugeait excessives…) ? Parce qu'il s'agissait d'un tour de force : *Napoléon Bonaparte, ou trente ans d'histoire de France*, en huit jours ?

---

[62] Dramaturge de l'époque, bien oublié, qu'il compte associer à l'entreprise.

223

« De Toulon à Sainte-Hélène ! m'avait dit Harel. Je dépenserai cent mille francs, s'il le faut !

Il était difficile de me laisser plus de marge.

Dès le lendemain matin, je me mis à écrire.

Au fur et à mesure que les tableaux étaient faits, je les passais à George, qui les passait à Harel, lequel les donnait à copier à un charmant garçon nommé Verteuil, qui est aujourd'hui secrétaire du Théâtre-Français.

Au bout de huit jours, le drame était fait ; il se composait de vingt-quatre tableaux, et comportait neuf mille lignes. C'était trois fois la corpulence d'un drame ordinaire, cinq fois la longueur d'*Iphigénie*, dix fois celle de *Mérope*. »

Harel et George avaient décidé de confier à Frédérick Lemaître le rôle de Napoléon. Alexandre avait discuté ce choix. Le succès du *Napoléon* de la Porte-Saint-Martin était dû, disait-on, à la ressemblance de l'acteur Gobert avec l'empereur. Alors que Frédérick, grand, robuste, ne ressemblait guère au Corse :

« Mon cher, me dit George, rappelez-vous ceci : c'est qu'un homme de talent tel que Frédérick peut tout jouer.

Le neuvième jour, la pièce était copiée…

Elle n'était pas bonne, il s'en faut ; mais le titre de l'ouvrage assurait le succès de circonstance, tandis que le rôle de l'espion suffisait au succès littéraire. »

Littéraire ? Disons qu'en inventant ce rôle d'espion, démasqué puis gracié à Toulon par le jeune Bonaparte, et qui suit pas à pas sa carrière, mi-âme damnée, mi-ange gardien, un peu Asmodée, un peu tireur de ficelles, Alexandre avait apporté à l'affaire le seul grain de génie personnel qu'on y puisse trouver. Le personnage ne suffit pas à sauver cette grande machine qui fait penser aux feuilletons télévisés. Mais il introduit dans ce « show » une lueur d'étrangeté savoureuse. « L'espion » n'est ni nommé, ni situé du point de vue national, ou politique : il s'agit apparemment d'un royaliste provençal travaillant pour les Anglais au cours du siège de Toulon. Épargné par Bonaparte, on le voit surgir au cours de l'action, de la Malmaison à Moscou, sauvant ici le Premier consul, là l'empereur.

La scène la plus surprenante est celle où l'espion débarque à Sainte-Hélène, offrant au prisonnier de s'évader à bord d'un vaisseau qui croise au large. Tout est prêt. L'empereur refuse la fuite, préférant subir jusqu'au bout la « Passion » qui seule peut mettre un comble à sa gloire…

L'espion est arrêté par Hudson Lowe et envoyé à la potence (« par votre faute, lance-t-il à l'empereur. Sans vous, j'aurais été fusillé à Toulon… »). Ingénieuse invention, mais insuffisante pour sauver cet album colorié, ce « collage » de morceaux empruntés tantôt à Las Cases, tantôt à Bourrienne.

« On se réunit le neuvième jour pour la lecture. Ce jour-là, je lus jusqu'à Moscou ; le lendemain, je repris et lus la fin.

Le seul rôle de Frédérick avait quatre mille lignes, c'est-à-dire était aussi long à lui seul que tous les rôles ensemble du *Mariage de Figaro*. Il fut convenu, en conséquence, qu'on ferait les coupures aux répétitions.

Frédérick et Lockroy [qui jouait l'espion] étaient enchantés de leurs rôles.

Le soir de la lecture, ma liberté me fut rendue.

Il y eut souper pour mon élargissement, comme il y avait eu souper pour mon incarcération.

Ces soupers chez George étaient charmants, je le répète, et font quelques-uns de mes bons souvenirs, il était impossible d'être plus belle, plus reine, plus dédaigneuse, plus caustique, plus courtisane grecque, plus matrone romaine, plus nièce de pape que ne l'était George. »

Napoléon Bonaparte, ou trente ans d'histoire de France, fut créé le 10 janvier 1831 à l'Odéon. L'auteur rapporte :

« Ce fut un succès, mais de pure circonstance : la valeur littéraire de l'ouvrage était nulle ou à peu près. Le rôle de l'espion seul était ma création ; tout le reste avait été fait à coups de ciseaux.

Quelques sifflets protestèrent contre les applaudissements, et – chose rare chez un auteur – je fus presque de l'avis des siffleurs.

Mais le moyen, avec Frédérick jouant le principal rôle, le moyen, avec cent mille francs de costumes et de décorations, avec l'incendie du Kremlin, la retraite de la Bérézina, et surtout cette Passion de cinq ans à Sainte-Hélène, le moyen de ne pas avoir un succès ! »

Seul le malheureux Delaistre avait à se plaindre : on lui avait confié le rôle du « geôlier » Hudson Lowe et il ne pouvait quitter le théâtre, après la représentation, que protégé par la police !

Il est assez rare qu'un auteur écrive qu'il se sent du parti de ceux qui sifflent sa pièce. Il est non moins rare qu'il reconnaisse que les honneurs de la soirée allèrent au principal interprète beaucoup plus qu'à lui…

Du texte autocritique d'Alexandre Dumas, on retiendra aussi ce trait curieux : qu'à propos des derniers temps de Napoléon, il parle de « cette Passion de cinq ans à Sainte-Hélène… » Pour un anti-bonapartiste de famille, de cœur et d'esprit, c'est montrer beaucoup de générosité que d'adopter cette orthographe christique, s'agissant du conquérant corse.

Ce *Napoléon* écrit en moins de temps qu'il n'en fallut à son héros pour conquérir Joséphine ne fut guère goûté par ceux dont l'opinion importait surtout à Alexandre.

On retiendra entre autres le jugement d'Alfred de Vigny :

« Mauvais ouvrage, mauvaise action ! C'est par colère contre le roi que Dumas a jeté dans *Napoléon Bonaparte* des mots durs contre les Bourbons. "On a été ingrat envers moi", dit-il. Il s'est jeté presque seul dans Soissons pour prendre les poudres dans les trois journées de juillet mais je lui ai reproché d'accabler les vaincus… »[63]

Ce qui importe ici, ce ne sont ni les arguments, qui sont faibles, ni les opinions politiques de M. de Vigny, fort éloignées de celles d'Alexandre. C'est la double accusation de médiocrité littéraire – en l'occurrence fondée – et d'esprit de vengeance, assez mal justifié. Car si Alexandre a quelque revanche à prendre, ce n'est pas contre les « Bourbons », en général, avec lesquels il n'a rien à faire, mais contre ceux qui, à ses yeux, ont confisqué la révolution de Juillet, et avant tout ce ci-devant duc d'Orléans, devenu roi, et avec lequel il rompit alors avec éclat – le faisant savoir dans la préface de l'édition du *Napoléon Bonaparte*, publiée un mois plus tard. Mais n'anticipons pas.

L'« affaire Napoléon » n'est pas tout à fait à la gloire de notre chasseur de poudre. On le préfère à l'Hôtel de Ville, au Pont des Arts avec son fusil, à Soissons ou dans le bocage vendéen que dans la chambre contiguë à celle de la « courtisane grecque ». Non qu'il fût malséant de céder à ce type d'appât, mais parce qu'il y trouvait l'occasion de confondre un certain art avec un certain commerce.

---

[63] Claude Schopp, *Alexandre Dumas : le génie de la vie*, Paris, Mazarine, 1985, p. 191.

Mais trêve de jérémiades. Nous savons bien qu'Alexandre Dumas ne s'est laissé entraîner à ce douteux exercice de forçat couronné, ni pour les appâts d'une comédienne qui n'en manquait pas, ni pour les bénéfices découlant de l'opération montée par l'ingénieux Charles Harel, mais parce qu'il s'agissait de gloire et de passion, avec ou sans majuscule. Parce qu'il lui fallait bien mesurer son génie turbulent au génie de la démesure.

Prisonnier de M. Harel ? Non. Agité d'une certaine idée de ce que peut un homme. Dévoyé ? Éclatant... Stendhal le dira mieux, bientôt. Mais Alexandre, manipulé, harcelé, incapable de résister aux lumières et aux cascades de la rampe et du monde, en témoigne aussi.

Non, ce n'est pas une autre « glorieuse » d'Alexandre Dumas. Mais c'est tout de même un tour de force, pour l'honneur...

Chapitre XIV

L'adieu au roi, mais pas aux lys...

La planche de Béranger ✦ Le mépris du tsar
✦ Une audience imaginaire ? ✦ Louis-Philippe
et la médecine ✦ « Laissez la politique aux rois... » ✦
Des artilleurs peu conformistes ✦ « Enlever
la Chambre ! » ✦ Une démission sans appel ✦
La République et les fleurs de lys...

La conquête de Paris, Alexandre Dumas qui l'a accomplie dans le domaine théâtral en faisant acclamer son *Henri III* et en se battant pour l'*Hernani* de Hugo, chahuté mais triomphant, il ne l'aura pas achevée dans l'ordre politique. Qu'il ait rêvé ou non d'être, au débouché des « Trois Glorieuses » et après la fuite de Charles X, l'un des consuls et des législateurs d'une république présidée par La Fayette, entre Arago, Cavaignac, Carrel ou son cher Béranger, c'est bien possible. Mais il n'en fait pas état, lui qui dissimule si peu...

La mission en Vendée avait-elle pour cause profonde la volonté de s'éloigner d'un Paris qui, politiquement, le décevait ? Le fait est que son retour, à la fin de septembre, n'apporte guère à Dumas qu'amertume, ou déboires. Il ne voit partout en place que ceux qui ont choisi la « voie moyenne » avec le chef de la maison d'Orléans, les Laffitte, les Thiers et les Guizot – et même Béranger...

Quoi ? Le cher Béranger, le chantre de la France des « patrio-tes », complice de cette « *combinazione* » ? « Comment, mon père – car il l'appelle "mon père" – comment avez-vous pu vous rallier à ce régime ? » — « Je n'ai fait que ce que font les petits Savoyards en cas d'orage, riposte Béranger : j'ai jeté une planche sur le ruisseau… » Planche, ruisseau ? Nous voilà assez loin des soldats de l'an II et de la Convention nationale.

Alexandre reçoit deux gifles en retrouvant Paris à la fin de septembre. On apprend que le nouveau pouvoir a donné l'ordre d'effacer toute trace des combats de juillet, les impacts de balles sur la façade de l'Institut, notamment… : pour lui, comme pour ses amis Bixio ou Arago, c'est vouloir rejeter dans l'oubli ces heures de lutte populaire… Mais il y a pire : c'est la publication d'un échange de lettres entre Louis-Philippe et le tsar Nicolas Ier où l'on voit le nouveau « roi des Français » tenter auprès d'un autocrate de justifier son accession au pouvoir par la grâce du peuple, et le maître de Pétersbourg lui répondre sur un ton quasi insultant qu'il essayera d'oublier cette tare originelle…

Qu'est-ce donc que ce régime mis en place par la grâce du peuple et qui ne rêve que de se faire pardonner cette illégiti-mité par le despote le plus féroce de son temps – ce dont les Polonais peuvent témoigner ? Alexandre Dumas ne saurait vivre très longtemps dans cette ambiguïté. Bibliothécaire, c'est-à-dire employé du duc d'Orléans et en fait lié à sa camarilla, et par cet emploi, et par le passé, et par son cousin Deviolaine, et par un groupe auquel il est humainement attaché – les Lassagne, les de la Ponce… –, il lui faut mettre les choses au clair.

Curieusement, il ne parle aucunement de la réception faite à son rapport sur la Vendée adressé dès la fin du mois de septem-bre au général La Fayette, son destinataire officiel. On attend en vain la page des *Mémoires* où serait relatée cette entrevue entre le missionnaire « bleu » et l'homme qui a essayé d'éviter que son expédition ne se transforme en suicide. On ne la trouve pas, ce qui étonne, compte-tenu de l'exceptionnelle qualité du texte de Dumas et de la cordialité de ses relations avec le général.

Il faut donc se contenter, si l'on peut dire, du récit de l'accueil fait par le roi à l'homme qui a rédigé, sur la Vendée, un rapport d'une si évidente pertinence politique. Louis-Philippe, qui est le contraire d'un sot, n'en a-t-il pas saisi la portée ?

Ce face-à-face entre le souverain et celui qui est encore le bibliothécaire (peu assidu) du Palais-Royal, donc de la maison régnante, a des origines confuses. Si nous ne connaissons rien de l'accueil fait par La Fayette à Alexandre, nous savons peu des prodromes de l'entrevue accordée par le roi à l'écrivain.

Claude Schopp soutient que, s'il le reçut, ce fut pour répondre aux sollicitations de Dumas, impatient de connaître l'accueil fait par Louis-Philippe à son rapport sur la Vendée. Selon l'auteur des *Mémoires*, c'est le souverain qui souhaita le recevoir et commenter son texte, et lui qui fit mine de refuser les avances royales transmises par Oudard, l'homme de confiance de Louis-Philippe (« Le roi veut vous voir... » — « Pas moi... »).

En sollicitant l'audience du souverain, Alexandre aurait, selon Claude Schopp, non seulement voulu débattre de la Vendée, mais aussi obtenir l'autorisation de faire jouer son *Napoléon* – ce qui étonne. Mais n'est-il pas vrai que tout, en Alexandre, surprend ?

Voulue par l'un ou par l'autre, l'entrevue relatée dans les *Mémoires* est même mise en doute par Claude Schopp qui, posant sagement la question, répond : « Admettons l'entrevue relatée dans les *Mémoires*, en n'ignorant pas qu'elle pourrait être une fiction... » Une fiction, cette audience entre le roi et l'un des plus célèbres écrivains de l'époque, et dont l'authenticité pouvait être révoquée en doute ou vérifiée par plusieurs témoins ? Nous ne sommes pas ici dans le boudoir de Mlle George, où l'appartement de Belle Krelsamer...

231

Quitte à passer pour naïf, on se référera au très brillant récit d'Alexandre Dumas, non sans être conscient qu'il se donne, comme presque toujours, le beau rôle.

C'est entre le 10 et le 15 octobre 1830 que l'auteur de *Christine* est reçu :

« À huit heures sonnantes, j'étais chez le roi. J'avais revêtu pour cette solennité mon costume de garde national à cheval.

Soit hasard, soit préméditation, le roi me reçut dans la même chambre où, duc d'Orléans, il m'avait reçu la veille de la première représentation d'*Henri III*.

Je ne le trouvai changé ni d'aspect ni de manières ; il avait ce sourire affectueux et cette apparence de bonhomie auxquels il était si difficile de résister, et avec lesquels il a usé Laffitte comme fortune, Casimir Périer comme santé, M. Thiers comme réputation.

— Bonjour, monsieur Dumas, me dit-il.

Je m'inclinai.

— Vous arrivez de la Vendée, à ce qu'il paraît ?

— Oui, sire.

— Combien de temps y êtes-vous resté ?

— Six semaines, sire.

— On m'a dit que vous aviez fait sur le pays des études très précises et qui valaient la peine de m'être communiquées…

— Sans doute le général La Fayette ?

— Justement.

— Je croyais qu'il avait fait mieux, sire, et qu'il avait mis sous les yeux du roi mon rapport lui-même.

— C'est vrai… Mais, dans ce rapport, je trouve, il me semble, une lacune.

Je m'inclinai en signe que j'attendais.

— Vous avez été envoyé par le général La Fayette, continua le roi, pour étudier la possibilité d'établir une garde nationale dans la Vendée, et à peine parlez-vous de cette possibilité ou de cette impossibilité.

— C'est vrai, sire, attendu que l'étude des localités m'a convaincu que l'établissement d'une garde nationale dans les départements de la Loire-Inférieure, de Maine-et-Loire, de la Vendée et des Deux-Sèvres, n'était qu'une mesure tempo-raire ruineuse pour la classe moyenne de la société, qui a ses affaires à suivre, et dont l'état est d'être notaire, marchand de drap, tisseur de toile, serrurier, menuisier, avocat, commer-çant en gros ou en détail enfin, mais non de monter à cheval ou de faire l'exercice ; une mesure, en outre, dangereuse en ceci que les citoyens qui porteront l'uniforme redeviendront des *bleus*, et ceux qui ne le porteront pas des *chouans*. Voilà pourquoi j'ai à peu près abandonné cette idée, et me suis appesanti sur celle qui consiste à ouvrir des chemins, à créer des communications, à agir, enfin, comme on dirait en méde-cine, par le moyen des dissolvants bien plutôt que par celui des révulsifs ; que les Vendéens échappent à l'influence des nobles, et leurs femmes à l'influence des prêtres, et il n'y a plus de Vendée possible.

— Eh bien, moi, monsieur Dumas, je suis d'un autre avis que vous. Je crois qu'il n'y a plus de Vendéens. Dites-moi où sont les d'Elbée, les Bonchamp, les Lescure, les La Rochejaquelein, les Charette ?

— Sire, où ils étaient en 1789… Pourtant, la Vendée ne me paraît pas à craindre pour demain ou après-demain ; non, je dirai mieux : la Vendée ne se soulèvera plus d'elle-même ; mais quelqu'un peut se jeter dans la Vendée et la soulever.

— Qui ? Ce n'est pas le dauphin, il n'a pas assez d'énergie pour cela ; ce n'est pas le duc de Bordeaux, il est trop jeune ; ce n'est pas Charles X, la place du roi ne saurait être à la tête de quelques bandes de rebelles.

— Le roi sait trop bien son histoire universelle pour ne pas connaître l'histoire de Hongrie : *Moriamur pro nostro rege Maria-Theresa*[64] !

— La duchesse de Berry ?

— On en parle beaucoup.

— Vous avez raison, j'y ai pensé plus d'une fois aussi ; mais retenez bien ce que je vous dis, monsieur Dumas, il n'y a pas de Vendée sans l'Angleterre, et je suis sûr de l'Angleterre.

— Je ne dis point au roi qu'il y aura une Vendée terrible, implacable, acharnée comme celle de 92 et de 93 ; je ne dis pas qu'il y aura des armées de vingt, de trente, de quarante mille hommes comme alors ; je ne dis pas qu'il y aura des batailles désastreuses, fatales, mortelles comme celles des Ponts-de-Cé, de Torfou et d'Antrain ; je ne dis pas, enfin que le soulèvement de l'Ouest sera appuyé par le soulèvement du Midi et par l'invasion étrangère ; je dis qu'il y a chance, probabilité, certitude que l'on se battra, que des hommes seront tués, que des haines nouvelles naîtront d'un sang nouveau, et que le roi est trop ménager du sang français pour ne pas s'opposer, autant qu'il sera dans ses moyens, à un pareil résultat.

Le roi sourit.

— Et moi, je vous dis, monsieur Dumas, que j'ai mis aussi le doigt sur le pouls de la Vendée… Je suis un peu médecin, comme vous savez.

Je m'inclinai.

— Eh bien, il n'y a rien, et il n'y aura rien dans la Vendée.

— Le roi me permettra-t-il, répondis-je en riant, de ne pas essayer de combattre son opinion, mais de rester dans la mienne ?

— Comment donc ! Vous savez que mon influence ne s'étend malheureusement pas sur les opinions ; sans quoi, j'aurais déjà tenté de modifier la vôtre et celle de quelques-uns de vos amis.

---

[64] Nous mourrons pour notre roi Marie-Thérèse !

— En attendant, le roi voudra-t-il bien, quand la conversation tombera sur ce sujet, que je dise ce que je pense ?

— Sur les dispositions de la Vendée ?

— Et sur la politique du roi…

— Dites-moi d'abord, à moi, ce que vous pensez de l'une et de l'autre.

— Eh bien, je pense qu'une guerre étrangère, sur le Rhin ou en Italie, serait une guerre populaire à l'heure qu'il est ; que le roi ne se soucie pas de faire cette guerre, mais qu'il n'est pas fâché d'avoir une excuse pour ne pas la faire.

— Ah ! ah !

— Cette excuse, la Vendée la lui offre.

— Comment cela ?

— Sans doute, comme le roi disait tout à l'heure, il est médecin et, quand le roi aura à répondre à ceux qui lui parleront de la nationalité belge, italienne ou polonaise : "Pardon, messieurs, avant de s'occuper des autres peuples, la France a d'abord une inflammation d'entrailles à guérir chez elle" ; quand on tournera les yeux du côté de la Vendée, qu'on y entendra la fusillade, et qu'on verra la fumée, personne n'aura plus rien à dire, et le roi, ménager de son propre sang, n'aura pas, aux yeux des plus ardents propagandistes, la responsabilité du sang étranger.

Le roi se mordit les lèvres ; j'avais évidemment touché juste.

— Monsieur Dumas, me dit-il, c'est un triste métier que celui de la politique… Laissez ce métier-là aux rois et aux ministres. Vous êtes poète, vous ; faites de la poésie.

— Cela veut dire ?

— Que poète, vous voyez les choses en poète, voilà tout.

Je m'inclinai.

— Sire, lui dis-je, les anciens appelaient les poètes *vates*[65].

---

[65] Vates, le devin, l'oracle qui donne son avis avant les grandes décisions.

Le roi me fit de la main un signe qui voulait dire : "Monsieur Dumas, votre audience est finie ; je sais de vous ce que je voulais savoir ; vous pouvez vous retirer."

Je compris le signe, je ne me le fis pas répéter, et sortis, autant que je pus, à reculons, pour ne point donner d'entorse à cette étiquette dont le duc d'Orléans avait bien voulu m'offrir une leçon, le jour où le roi Charles X était venu au fameux bal du Palais-Royal. »[66]

L'agacement qu'éprouve le roi, et qui se manifeste par ce congé donné de façon si cavalière (d'un souverain à son « sujet »), est visiblement dû aux hypothèses guerrières évoquées par le visiteur, jouant en l'occurrence au Machiavel, qui doivent recouper telle ou telle réflexion personnelle du souverain. De quel droit cet écrivain, au lieu de s'intégrer à quelque garde nationale folklorique, se mêle-t-il ainsi de haute politique, s'immisçant dans les secrets intimes du souverain ? Car ici, Alexandre ne tente plus de se vêtir du pourpoint de d'Artagnan, ni même de celui d'Aramis. C'est au grand cardinal qu'il emprunte un machiavélisme de haute époque…

Sortant de chez le roi, Dumas se heurte à Oudard. « Alors ? » — « Hier, fait le visiteur, nous n'étions brouillés qu'à moitié. Aujourd'hui, nous le sommes tout à fait. »

Regagnant la rue de l'Université, Alexandre rencontre sur le pont des Tuileries son ami Bixio, compagnon des barricades, vêtu d'un bel uniforme bleu orné d'épaulettes et d'un fourragère rouge, coiffé d'un shako. Tiens ! « Dans quelle armée es-tu donc ? » — « Dans l'artillerie, où se retrouvent tous nos amis républicains… » — « Je veux en être… » — « C'est difficile, à

---

[66] En cette occurrence, Philippe d'Orléans avait averti qu'interpellé par le souverain, on ne dit pas « sire », mais « le roi »…

cause de ta position auprès du roi… » — « J'ai rompu, où je vais le faire… Prends-moi dans ta batterie… » — « J'en fais mon affaire, avec l'accord de Cavaignac… »

À peine rentré chez lui, Alexandre se met à son bureau pour rédiger ces quelques lignes :

« Sire,
Mes opinions politiques n'étant point en harmonie avec celles que Votre Majesté a le droit d'exiger des personnes qui composent sa maison, je prie Votre Majesté d'accepter ma démission de la place de bibliothécaire.
J'ai l'honneur d'être avec respect, etc…

ALEX. DUMAS. »

Il se trouve que cette démission, datant de décembre 1830, n'étant point parvenue à son destinataire – pour quelles raisons, grands dieux, compte tenu de la proximité des personnages et de la multiplicité des voies d'accès ? –, Dumas devra la réitérer, quelques semaines plus tard, assortie d'attendus encore plus éloquents. On y reviendra.

Mais sait-il, Alexandre, sait-il bien que ce régiment d'artillerie (cette « légion » dit-on alors) où il vient de s'engager est un nid de conspirateurs ? Que Cavaignac est l'âme d'une sorte de complot d'artilleurs en uniforme ? Chaque « batterie » y a un nom : la première est dite « l'aristocrate », groupant le charmant duc d'Orléans, fils du roi (!), Arago, Schœlcher… La seconde est « la républicaine » avec, pour capitaines, Cavaignac et Guinard. La troisième, « la puritaine », est conduite par Carrel et Barthélémy Saint-Hilaire. Quant à la quatrième, elle est appelée drôlement « la meurtrière », « du fait de la quantité

de médecins qu'elle contient » : Bixio, Raspail, Jules Guyot…
Mais on y voit aussi un certain Prosper Mérimée, le comédien
Bocage… en attendant Alexandre Dumas…

Nonobstant ce pittoresque recrutement, la discipline est très
stricte : trois fois par semaine, exercice dans la cour carrée du
Louvre de six à dix heures du matin, et tir à Vincennes deux fois
par mois…

Un jour du début de décembre (le 7 ou le 8), Alexandre reçoit
une convocation : se trouver à quatre heures du soir, en armes,
devant le Palais-Bourbon. Pour quoi faire ?

« Il s'agissait d'*enlever la Chambre*.

Nous avions fait une espèce de serment de francs-maçons et
de carbonari, en vertu duquel nous nous étions engagés à obéir
aux ordres des chefs sans les discuter.

Celui-là me parut un peu leste, je l'avoue : cependant, le serment était là ! À trois heures et demie, je revêtis mon costume
d'artilleur, je mis six cartouches dans ma giberne, une dans mon
mousqueton, et je m'acheminai vers le pont de la Concorde.

Je remarquai avec autant d'étonnement que d'orgueil que
j'étais le premier.

Je ne me promenai qu'avec une fierté plus grande, interro-
geant les quais, les ponts, les rues, pour voir arriver mes sept
cent quatre-vingt-dix-neuf compagnons qui, quatre heures son-
nant, me paraissaient quelque peu en retard.

Enfin, je vis paraître un uniforme bleu et rouge.

Cet uniforme contenait Bixio. Nous allions donc être deux
pour enlever quatre cent quarante-neuf députés !

Ce n'était guère ; mais le patriotisme fait faire de si grandes
choses !

Cependant, nous résolûmes d'attendre avant de tenter aucune
démonstration.

Quatre heures et demie sonnèrent, cinq heures, cinq heures et demie et six heures.

Les députés sortirent et défilèrent devant nous, ne se doutant guère que ces deux artilleurs qui les regardaient passer d'un œil féroce, les reins adossés au parapet du pont, étaient venus là pour les enlever.

Derrière les députés, Cavaignac parut en habit bourgeois.

Nous allâmes à lui.

— Il n'y aura rien aujourd'hui, nous dit-il ; l'affaire est remise à la semaine prochaine.

Il nous donna une poignée de main, et disparut. »

De Brumaire manqué en émeutes informes où les bonapartistes manipulés par un certain Fieschi tentent de couper la route aux républicains, tous les hommes de juillet se retrouvent aux obsèques de Benjamin Constant, ce nœud de contradictions de son vivant, qui se mue soudain en signes de ralliement, mort. Complots, intrigues, malentendus : la monarchie dite « de Juillet » (qui n'est devenue telle qu'en août…) émerge en cahotant, amorphe, flottante, un peu honteuse…

Alexandre aurait bien pardonné à la nouvelle mornachie ses ruses et ses compromissions. Mais pas la lâcheté dont il mesure la profondeur en découvrant, certain jour de janvier 1831, que le roi, qui deux mois plus tôt a essayé, pour faire oublier les Bourbons, de se faire passer pour un Valois, puis qui avait refusé à Casimir Périer le sacrifice des fleurs de lys, faisait ce même sacrifice à l'émeute. Alexandre note rageusement :

« On grattait les blasons de ses voitures et on mutilait les balcons en fer de son palais.

Le lendemain une ordonnance parut au *Moniteur*, qui changeait les trois fleurs de lys de Charles V en deux tables de la loi.

Si la généalogie s'établissait par les blasons, on eût pu croire que, au lieu de descendre de Saint Louis, le roi de France descendait de Moïse !

Seulement, les nouvelles tables de la loi, contrefaçon de celles du Sinaï, n'avaient pas même l'excuse d'avoir été acceptées au milieu du tonnerre et des éclairs. »

Cette fois, c'en est trop : Alexandre a pu pardonner bien des palinodies à son ancien ami du Palais-Royal coiffé d'une couronne comme on l'est d'un canotier. Mais ce type d'infidélité à l'Histoire lui est insupportable. C'est le jour où il apprend le rejet des fleurs de lys que ce républicain écrit à Louis-Philippe une seconde – et définitive – lettre de démission qui fut rendue publique, insérée telle quelle dans la préface de l'édition du *Napoléon Bonaparte* :

« Sire,

J'ai eu l'honneur de demander, il y a trois semaines, une audience à Votre Majesté : j'avais l'intention de lui offrir de vive voix ma démission ; car je voulais lui expliquer comment, en faisant cela, je n'étais ni un ingrat ni un capricieux.

Sire, il y a longtemps que j'ai écrit et imprimé que, chez moi, l'homme littéraire n'était que la préface de l'homme politique.

L'âge auquel je pourrai faire partie d'une Chambre régénérée se rapproche de moi.

J'ai la presque certitude, le jour où j'aurai trente ans, d'être nommé député ; j'en ai vingt-huit, sire.

Malheureusement, le peuple, qui voit d'en bas, et de loin, ne distingue pas les intentions du roi des actes des ministres. Or les actes des ministres sont arbitraires et liberticides.

Parmi ces hommes qui vivent de Votre Majesté, et qui lui disent tous les jours qu'ils l'admirent et qu'ils l'aiment, il n'en est peut-être pas un qui vous aime plus que je ne le fais ; seulement, ils le disent et ne le pensent pas, et, moi, je ne le dis pas et je le pense.

Mais, sire, le dévouement aux principes passe avant le dévouement aux hommes. Le dévouement aux principes fait les La Fayette ; le dévouement aux hommes fait les Rovigo[67].

Je supplie Votre Majesté d'accepter ma démission.

J'ai l'honneur d'être avec respect,

De Votre Majesté, etc.

ALEX. DUMAS. »

Bien dit, Alexandre. D'autant que le rappel de ce beau geste est suivi dans les *Mémoires* d'un morceau d'éloquence historique que n'eussent désavoué ni Michelet ni Marc Bloch :

« Chose étrange ! Aux yeux du parti auquel j'appartenais, j'étais républicain, bel et bien républicain, puisque je prenais ma part à toutes les émeutes ; je voulais voir le drapeau de 92 flotter à la tête de nos armées ; mais, en même temps, je ne comprenais pas que, du moment qu'on avait pris un Bourbon pour roi, qu'il fût de la branche aîné ou de la branche cadette, qu'il fût même Valois, comme on avait essayé un instant de le faire croire au bon peuple parisien, les fleurs de lys dussent cesser d'être ses armes.

C'est que j'étais à la fois poète et républicain ; c'est que déjà je comprenais et je soutenais, contrairement à certains esprits étroits de notre parti, que la France, même démocratique, ne datait pas de 89 ; que nous avions, nous autres hommes du XIXe siècle, un immense partage de gloire à recevoir et à conserver ; que les fleurs de lys sont les fleurs de lance de Clovis et

---

[67] Savary, duc de Rovigo, successeur de Fouché à la tête de la police de Napoléon.

les angons[68] de Charlemagne; qu'elles ont successivement flotté à Tolbiac, à Tours, à Bouvines, à Taillebourg, à Rosbecque, à Patay, à Fornoue, à Ravenne, à Marignan, à Renty, à Arques, à Rocroy, à Steinkerque, à Almanza, à Fontenoy, sur les rivages de l'Inde, sur les lacs de l'Amérique ; qu'après la fortune de cinquante victoires, nous avons la gloire de vingt défaites qui eussent anéanti un autre peuple… »

Cette « gloire de vingt défaites » est un trait qui met notre Dumas à un niveau où l'on aimerait situer bien des historiens…

En tout cas, pour un homme qui disait cinq ans plus tôt à son ami Lassagne qu'il trouvait l'histoire de France ennuyeuse !

Il a vingt-huit ans. Il a conquis Paris-sur-scène. Il a conquis Paris tout court. Il a livré bataille à *Hernani*, aux côtés du plus grand poète de son temps ; il a dressé des barricades, manqué prendre le Louvre, fait flotter pour quelques heures les couleurs de la République ; il a conquis les poudres de Soissons, traversé le bocage vendéen, désarmé, vêtu comme Kleber.

Il a ému La Fayette, dit son fait à Béranger, donné la leçon à Louis-Philippe. Il a, par les gestes et par les mots, réinventé une certaine continuité française. Il a conquis sa place au festin des Mousquetaires – qui est parfois aussi celui des sans-culottes…

Salut et fraternité, Alexandre !

---

[68] Arme à deux crocs, en usage chez les Francs…

Chronologie (1802-1831)

Date	Vie d'Alexandre Dumas	Œuvres[*]
1802	Naissance d'Alexandre le 24 juillet à Villers-Cotterêts	
1806	Mort du père d'Alexandre, le général Dumas	
1822	Premier voyage à Paris	
1823	Installation à Paris Travail au cabinet du duc d'Orléans	*Blanche et Rose*, poème
1824	Naissance du fils d'Alexandre et Laure Labay, Alexandre	
1825		*Élégie sur la mort du général Foy*, poème *La Chasse et l'amour* (T) avec de Leuven
1826		*La Noce et l'enterrement* (T) avec Lassagne
1827	Début de sa liaison avec Mélanie Waldor	
1829	Bibliothécaire-adjoint du duc d'Orléans	10 février : triomphe d'*Henri III et sa cour* (T)

[*] (T) = Théâtre   (R) = Roman

DATE	VIE D'ALEXANDRE DUMAS	ŒUVRES[*]
1830	Engagement d'Alexandre dans la révolution de Juillet Rencontre avec Marie Dorval Liaison avec Belle Krelsamer Démission d'Alexandre adressée au Roi	30 mars : première de *Christine ou Stockholm, Fontainebleau et Rome* (T)
1831	Naissance de la fille d'Alexandre et Belle Krelsamer : Marie-Alexandrine Confirmation de sa démission à Louis-Philippe	10 janvier : première de *Napoléon Bonaparte* (T) 3 mai 1831 : première triomphale d'*Antony* (T)

Rappel chronologique (1832-1870)

Date	Vie d'Alexandre Dumas	Œuvres[*]
1832	Liaison avec Ida Ferrier	*La Tour de Nesle* (T)
1833	Liaison avec Marie Dorval	
1836		*Kean* (T)
1839	Début de la collaboration avec Auguste Maquet	
1840	Mariage avec Ida Ferrier Séjour en Italie	
1841		*L'Homme au masque de fer* (R)
1843		*Georges* (R)
1844	Séparation avec Ida Ferrier Triomphe des romans historiques	*Les Trois Mousquetaires* (R) *Le Comte de Monte-Cristo* (R) *La Reine Margot* (R)
1845	Achat et rénovation d'un château à Pont-Marly qu'il baptisera Monte-Cristo	*Vingt ans après* (R) *Le Chevalier de Maison-Rouge* (R) Première au théâtre des *Trois Mousquetaires*
1846		*Joseph Balsamo* (R)
1847	Inauguration de son Théâtre-Historique	*Le Vicomte de Bragelonne* (R)

DATE	VIE D'ALEXANDRE DUMAS	ŒUVRES[*]
1848	Alexandre prend part aux journées révolutionnaires Échec des tentatives de se faire élire député	Première de *Monte-Cristo* au Théâtre-Historique
1849	Vente aux enchères du château de Monte-Cristo	*Le Collier de la reine* (R)
1850	Faillite du Théâtre-Historique	*Ange Pitou* (R)
1851	Exil à Bruxelles en même temps que Victor Hugo	*Mes Mémoires*
1852		*Isaac Laquedem* (R)
1853	Retour à Paris Création du journal *Le Mousquetaire*	
1857	Création du journal *Monte-Cristo* Visite rendue à Victor Hugo à Guernesey	
1858	Voyage en Russie	
1860	Rejoint l'expédition des Mille de Garibaldi	
1864	Retour en France Vieillesse bohème Premières causeries	*Les Mohicans de Paris* (T)
1866	Premier numéro du journal *Dartagnan*	
1869	Détérioration de sa santé	
1870	5 décembre : décès d'Alexandre Dumas chez son fils à Puys	

Éléments de bibliographie

BANVILLE, Théodore (de), *Petites Études. Mes souvenirs*, Paris, Charpentier, 1882.

CLOUARD, Henri, *Alexandre Dumas*, Paris, Albin Michel, 1955.

CROUZET, Michel, *Du mélodrame au drame romantique*, Toulouse, Arcadi, 1969.

DASH, comtesse, *Mémoires des autres*, Paris, Librairie illustrée, 1897.

DECAUX, Alain, *Alexandre Dumas et l'Histoire*, Historia, 1976.

DUMAS, Alexandre,
  – *Mes Mémoires*, 2 tomes (1802 –1830) et (1830-1833), préface de Claude Schopp, Paris, Robert Laffont, collection Bouquins, 1989.
  – *Sur Gérard de Nerval*, Bruxelles, Complexe, 1990.

FREMY, Dominqiue, SCHOPP, Claude, *Quid d'Alexandre Dumas*, Paris, Robert Laffont, (hors commerce).

GAUTIER, Théophile, *Histoire du romantisme*, Paris, Charpentier, 1874.

MAUROIS, André, *Les Trois Dumas*, Paris, Hachette, 1957.

PLAZAOLA, Juan, *Le Baron Taylor (1789-1879), portrait d'un homme d'avenir*, Paris, Fondation Taylor,1989.

SAMSON, *Mémoires*, Paris, Paul Ollendorff, 1882.

Schopp, Claude,
  – *Correspondance Alexandre Dumas - Mélanie Waldor*, Paris, PUF, 1982.
  – *Alexandre Dumas, le génie de la vie*, Paris, Mazarine, 1985.
  – *Alexandre Dumas*, Paris, Fayard, 2002.

Troyat, Henri, *Alexandre Dumas, le cinquième Mousquetaire*, Paris, Grasset, 2005.

DU MÊME AUTEUR
(entre autres)

Hô Chí Minh, Seuil, 1967, nouvelle édition 1976

André Malraux, une vie dans le siècle, Seuil, 1973

Un sang d'encre, Stock-Seuil, 1974

Léon Blum, Seuil, 1977

François Mauriac
1 – *Le Sondeur d'abîmes (1885-1933)*
2 – *Un citoyen du siècle (1933-1970)*
Seuil, 1980

Julie de Lespinasse, en collaboration avec Marie-Christine d'Aragon,
Complexe, à paraître 2006

Pierre Mendès France, Seuil, 1981

De Gaulle, préface de René Rémond
1 – *Le Rebelle (1890-1944)*
2 – *Le Politique (1944-1959)*
3 – *Le Souverain (1959-1970)*
Seuil, 1984, 1985 et 1986

Champollion. Une vie de lumières, Grasset, 1989

Jésuites
1 – *Les Conquérants*
2 – *Les Revenants*
Seuil, 1991 et 1992

Montaigne à cheval, Seuil, 1996

François Mitterrand. Une histoire de Français
1 – *Les Risques de l'escalade*
2 – *Les Vertiges du sommet*
Seuil, 1998

Greta Garbo. La dame aux caméras, Liana Levi, 1999

Voyage dans le demi-siècle, avec Gérard Chaliand,
Entretiens croisés avec André Versaille,
Complexe, 2001

Algérie 1962, la guerre est finie, Complexe, 2002

Un siècle pour rien
Le Moyen-Orient arabe de l'Empire ottoman à l'Empire américain,
avec Ghassan Tueni et Gérard Khoury,
Albin Michel, 2002

Montesquieu. Les vendanges de la liberté, Seuil, 2003

Stendhal. Le bonheur vagabond, Seuil, 2004

Une vie de rencontres, Seuil, 2005

Si vous désirez recevoir le catalogue
des Éditions Complexe et/ou vous abonner
à notre lettre d'information électronique,
découpez ce bulletin et adressez-le à :

ÉDITIONS COMPLEXE
24, rue de Bosnie
1060 Bruxelles
Belgique

Nom ....
Prénom...
Adresse...
....
E-mail...
Profession ....
Âge ....
Livre duquel vous avez tiré ce bon...
....

Suggestions :

....
....
....

Nom et adresse des personnes auxquelles vous nous suggérez de faire
parvenir notre catalogue :

....
....
....

Ou visitez notre site www.editionscomplexe.com

Achevé d'imprimer
en septembre 2005
sur les presses
de l'imprimerie Horizon
en France (UE)

© Éditions Complexe 2005
SA Diffusion Promotion Information
24, rue de Bosnie – 1060 Bruxelles

www.editionscomplexe.com

n° 1016

N° d'imprimeur : 0508-151